看见是一种选择

看见·看不见

翟红刚 秦翼 主编

中信出版集团 · CHINA CITIC PRESS · 北京

图书在版编目（CIP）数据

看见·看不见 / 翟红刚，秦翼主编. — 北京：中信出版社，2016.9（2016.11重印）
ISBN 978-7-5086-6648-8

Ⅰ.①看… Ⅱ.①翟… ②秦… Ⅲ.①时事评论－中国－文集 Ⅳ.①D609.9-53

中国版本图书馆CIP数据核字(2016)第208133号

看见·看不见

主　　编：翟红刚　秦　翼
策划推广：北京全景地理书业有限公司
出版发行：中信出版集团股份有限公司
（北京市朝阳区惠新东街甲4号富盛大厦2座　邮编　100029）
（CITIC Publishing Group）
制　　版：北京美光设计制版有限公司
承 印 者：北京利丰雅高长城印刷有限公司

开　　本：720mm×1000mm　1/16　　印　　张：16　　字　　数：56千字
版　　次：2016年10月第1版　　印　　次：2016年11月第2次印刷
广告经营许可证：京朝工商广字第8087号
书　　号：ISBN 978-7-5086-6648-8
定　　价：68.00 元

版权所有·侵权必究
凡购本社图书，如有缺页、倒页、脱页，由发行公司负责退换。
服务热线：010－84849555　服务传真：010－84849000
投稿邮箱：author@citicpub.com

这个世界，是否如你所愿

文/新浪图片总监　翟红刚

还记得读研的时候，我的美学老师曾说过一句话，大概的意思是：一种艺术之所以称为这种艺术，而不是那种艺术，关键之处就在于这种艺术的物质性。不晓得这句话是他自己的高见，还是摘引自哪位哲人。我听了，觉得十分有道理。

我沿着这个思路想，摄影的物质性是什么呢？它和光有关，和取景器有关，和快门有关，和光圈有关，和镜头有关……那究竟什么决定了摄影之所以被称为摄影？

在我看来，大概就是取景器了。原本在现实的时空中流淌着的场景，被取景器给框住，抽离出来，压缩成二维的有长有宽的画面，形成了另一个与现实世界完全不同的影像世界。摄影师所做的，正是塑造这个拟像世界。

时代在变，取景器从光学玻璃变成手机屏幕，但依然无法改变摄影的虚拟性。当数字影像泛滥，渗透到生活的每一个细节的时候，我们不得不重温让·鲍德里亚关于超现实的预言，哪一个世界更真实？哪一个世界更美好？

作为一个有着亿万用户的互联网媒体，新浪网潜移默化地参与塑造着这个新世界，无法回避。而新浪图片作为其一员，也在自觉不自觉地发挥着作用。但我们明白，摄影终究无法直接地改变自然和现实，我们只能负责让大家“看见”——这也是我们的图片故事栏目的名字，和这本画册的名字——不只看见现实的表象，还要看见那些被隐匿的真相，或者被忽视，甚至假装看不见的细微。

为了无限逼近这个目标，我们关注每一个图片故事的逻辑和视觉层面的关系链，试图在报道摄影的专业性上做到最佳。

一个好的图片故事，需要用一套严密可靠的逻辑讲述出来，这样才能清晰，而且有理可信。比如人的故事，人不是孤立地活着的，一个人总是生活在自己的社会关系里。这些社会关系，有他的家人、朋友、同事，也有他的居住环境、他所应得的酬劳、他不能改变的小圈子的生活氛围，以及社会反馈给他的尊重等等。这些元素所导致的他的困惑、烦恼和悲伤，最终让他变成了一个故事中有血有肉有灵魂的人。

如果你希望图片故事有一个好的逻辑，在开始记录前，就要挖掘到丰富有用的文字素材，配合着图片来展开。

一个好的图片故事，当然也离不开好的视觉表达。那些影像感好的作品，总能让人感受到更深层的震撼。影像感是基于摄影特性的美学感受，和构图、影调、氛围、色彩等等相关，而与内容无关。好的摄影师，眼睛几乎就是取景器。一些看似凌乱的场景，在他们的作品中，仿佛被重新归位，拥有了新的秩序和身份。而实际上，他并没有对现场做什么，他只是选择不同的角度和时机，摁下快门。

图片的画面内部存在着视觉关系，图片与图片之间，也存在着相互影响的视觉关系，制约着前后翻阅的观看感受。

我曾经非常痴迷于一幅作品的影像感，并对大师们的作品佩服得五体投地。但把摄影作为职业之后，我很快就意识到，如果是为了传播的目的，合适的图片比起漂亮的图片更有价值。而好的图片故事，恰恰要兼顾良好的视觉和清晰的逻辑。

新浪图片一直在寻找优秀的图片故事，并致力于推动中国纪实摄影和报道摄影的发展。《看见》栏目上线四年多时间以来，苦心经营，深耕图片故事，在中国摄影圈逐渐形成了良好的口碑。几乎每期的高品质内容，都能问鼎全站点击量排行榜。

我们帮网友“看见”，而摄影师们帮我们“看见”。这个栏目的发展，离不开新浪的专职摄影师和图片编辑，更离不开遍布全国各地的合作摄影师们。

在纷繁复杂的现实面前，很难想象，我们还能够通过身体的碰触去了解这个世界，我们所感受到的只是世界的影像。作为一名摄影师，当你从取景器中去框取现实的时候，请想一下，这个世界是否如你所愿。

让看不见的，看见

文／李楠

那天，在微信上看到《看见》的图片编辑马俊岩转发了一条他们的稿子：《资源枯竭后的工人村：她一天出卖身体十几次换取毒品》。打开一看，是关于云南个旧的报道。我留了个言：“我们做过报道。”俊岩很快回复：“三年过去了，情况丝毫未改变，任其自生自灭吗？”

这样尖锐的诘问如何回答？我想了想，写了这么一句话：“也许我们能做的，就是‘看见’”。我不知道俊岩是否满意这个答案。或者，那些一直在《看见》这个平台上坚持的摄影师们是否满意这样一个答案。直到我看见这本画册。

15个摄影专题，15位摄影师的“看见”，数量不多，却遍及社会、经济、伦理、环境、城市、农村的诸种问题。这些问题，或多或少都曾浮现于我们的视野，甚至或深或浅都曾交集于我们的生活，但是，我们大部分时候，都或主动或被动地选择了熟视无睹以及知之不详。

这是一个不缺乏“看见”的时代。有多少“秀”正等待着被观看，有多少“隐私”正渴望着被曝光；无论是“刷脸”还是“刷屏”，目不暇接的各种“看”之中，夺人眼球的各路消息迅速蔓延又迅速被覆盖。所谓“真相”不过是用以制造“话题”的噱头，而“观点”也不过是被几个标签绑架的道具。

我们真的看见了吗？

于是，我们轻率地忽视那些黑暗与阴影中的弱者，又轻易地蔑视那些貌似不堪的同类。因此，我们很难真正去检视病痛痼疾的症结，以及正视变革之路上的困难、波动和曲折。

所以，当这15个摄影专题从大草原、从海岸线、从矿井深处、从简陋的出租屋、从拥挤的城中村，以及从沉默与泪水、盼望与爱来到我们眼前时，我们看到的是这个世界毛细血管里的涌动，与神经末梢处的轻颤：每一个故事都来自于真实的普通人，每一幅画面都出自于平静的同理心。这些摄影师似乎并没有太高的奢望，只是希望他们看见的这些人，不要被偏见遮蔽，不要被习见漠视，不要被所谓的意见洪流所吞没，让更多的人看见这些人复杂的生活和处境，而不再随意地给他们下判断。

同时，他们又显示出了某种雄心。显然，他们并不打算臣服于某种简单的影像记录与肤浅的感动。他们之所以选择这些不太容易被真正看见的对象，正是给自己一种挑战。

在图像的获得与观看日趋便捷与随意的时刻，摄影师的境况多少有些尴尬。一方面，他们要适应这种变化；另一方面，他们又必须坚守住自己的立场。耐人寻味的是，在他们希冀别人不要持以偏见之先，他们必须剔除自己的偏见，包括来自于职业的优越感与审视者的居高临下。

我们不能去造成这样一种局面：对着墙上的照片唏嘘落泪，却对身边的困境视若无睹。虽然“看见”的同时，也意味着“看不见”。比如当这15组摄影专题让我们看见了诸多问题之时，也意味着，还有更多的问题，没有被我们看见。

所以，摄影师必须以平视的目光平衡地观看，不是走马观花、浮光掠影，而是以尊重、包容和理解去深入人心。真相也许永远只是一个不断被接近的目标，但持续地向真相接近，必然持续地远离虚妄。这便是他们坚持“看见”的意义。

因为，他们的“看见”，不仅仅是他们自己的。摄影师应该是社会的眼睛，让看不见的，看见；让看见的，更清晰。

何况，只要有“看见”，就有改变的可能。

这样的希望，你看见了吗?

就在这本画册里。

目 录

边缘

变迁

革新

阵痛

边缘的群体、阴暗的角落，习惯了城市生活的人们，无意识地对它们视而不见、不愿去见。文化和资源的差距滋生出的矛盾，让部分人生活在社会的暗影中，人们带着有色眼镜无意识地给一切贴上标签、做出判断。拨开现实的帷幕，看到的却是一出出恩怨纠葛、是非难辨的戏剧。

边缘

小广告

未婚妈妈

失孤

留守妻子

捉奸人

流美孤儿

夕照新村
13777855894
望江新园
186-9857-0456
近江新城坊
186-9857-0456
茶亭弄
186-9857-0456
近江新村
13777855894
15958182981
186-9857-0456
15372004998

小广告

城市的角落里，你总是能看到它们的身影，办证刻章、枪支迷药、包小姐……每张小广告的背后，都隐藏着一个秘密。假如真拨通了墙上的电话号码，你能找到谁？摄影师李颀拯为你揭开这些“牛皮癣”的秘密。

摄影师 / 李颀拯

从事纪实摄影17年，先后在《每日商报》、腾讯大浙网担任摄影记者和图片编辑工作，目前担任新浪网专职摄影师。作品《城市力工》获第八届中国国际新闻摄影大赛（华赛）新闻人物类组图金奖，《运河挑夫》获第七届中国国际新闻摄影大赛（华赛）新闻人物类组图银奖，《怒海求生》荣获大理影会第二届亚洲先锋摄影师大奖（2015）。另有作品获中国新闻奖复评、《人民摄影报》“金镜头”摄影赛等20多个奖项。

小广告的背后不应是一道简单的“判断题”

社会的角落里，这些东西我们早已经习惯到视而不见，但我想每个人都曾好奇过它们背后隐秘的故事。

这个选题折磨了我4个月，一天都没有歇过。最大的困难是如何得到拍摄许可，这需要大量的沟通。2013年11月开始，我每天只做两件事：去各地街头转悠，拍摄墙上的小广告，然后像推销员一样，不停地打电话。直到春节，一直都在干这事。其中有三个目标是最难突破的，分别是贩枪广告、小姐广告和游医广告。不同的目标，我用尽了各种不同的方法才完成拍摄。贩枪的人，我帮他联系省城医院解决了儿子的手术问题，作为“报答”，他允许了我的拍摄，拍摄结束后他就换了手机号，失去了联系；在小姐的眼里，我就是一个喜欢拍女人的“变态”；对于游医，最后则是不得已选择了强行拍摄……

那段时间，每个月的电话费将近两千，我已经记不清被多少人拒绝过。拒绝我的方式和话语都差不多，大多数人都可以约见面，但如果我告诉人家，我要拍照时，所有人第一反应就是“你干什么的”、“你有毛病吧”……然后50%的人会立刻走掉，还有50%的人请我立刻出去。

有一个场面，我至今无法想象她是怎么做到的。一个小姐，进门不到5秒，她边笑着边把自己脱了个精光。“拍张照吧。”我边说边转身从包里取相机。她立刻翻脸，穿衣服的速度更快，大概3～5秒。我正惊讶于她穿衣速度的时候，她已经恶狠狠地骂了过来：“你干吗的？玩不玩？掏钱！信不信老娘叫人弄死你？”

和每个小广告背后的人打交道的经历，都是一个精彩的故事。“枪贩老余端坐在镜头前，握枪的手一直在抖，一起抖的，还有他的腿。他努力地直视我，眼睛却左右闪躲。”这是我第五次见老余，也是最后一次联系。那次拍完照片以后，他就带着儿子赶往火车站，离开温州，回了老家。他说，回去后会把新的电话号码告诉我，但如今他的旧号码已经停机，新的电话却一直没再打来。起初，我只是把老余当作“突破”对象，当得知他儿子的罕见病情后，我开始变得矛盾，后来帮他联系了省城的医院，解决了手术问题，作为“报答”，他允许了我的拍摄。我能够理解，考虑到所处的环境，老余的内心肯定是复杂的。他让我拍摄，有不好意思拒绝的成分，但同时又担心自己的事情被曝光……最后，他选择了面对镜头，之后又默默消失。儿子的康复，对他来说或许是最好的结局。

城市角落的小广告并不是一个简单的“牛皮癣”的环境治理问题。每个小广告的背后都有一个看不见的隐秘世界，这里有江湖郎中的坑蒙拐骗，有黑道混混的无奈迷茫，有寄居者的颠沛流离，还有寻找亲人的冷暖人生……他们用最低的成本推介自己，迎合着人们的需求。小广告的背后，不应是一道简单的判断题。

这是一个我们大多数人“看见”，但又麻木“不见”的社会底层，它真实存在。在中国，我们从小接受的道德标准是非黑即白的，很少从人性的角度，从理解出发。这个选题，我选择换一种方式，用人文关怀的视角去记录，希望能引发大家对这个群体的关注。

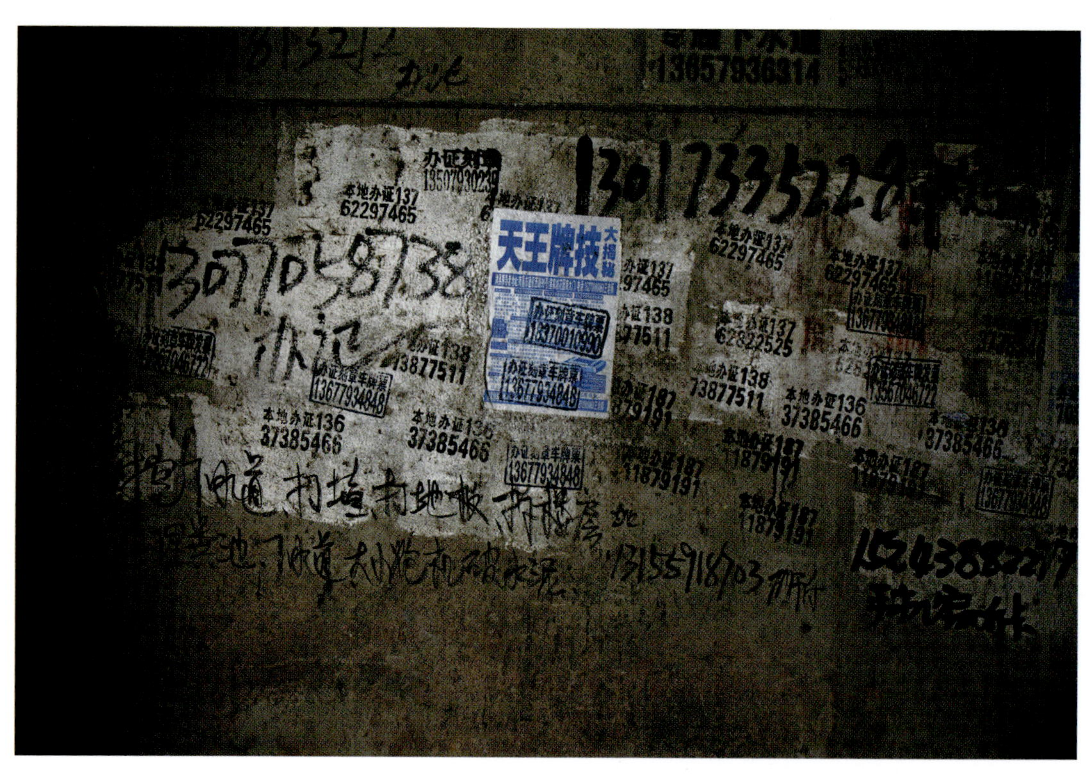

一墙灰白色的“办证刻章”的小广告中，时不时有“天王牌技”的小广告“鹤立鸡群”般映入眼帘。“牌技”小广告的数量仅次于“办证刻章”。

在杭州火车站旁的一家宾馆里有间长期包房，门上写着“天王牌技”，“王老师”就住在这里。房间里有上千种道具——从10元一副的魔术扑克到上万元一套的遥控麻将。“王老师”说：“我以前是魔术师。付了钱，就教你方法，你是用于魔术表演，还是拿去上赌桌，我就管不着了。”

1 | 3 | 5 | 7
2 | 4 | 6 | 8

1. 在江西上饶的一个小镇里，走进一些老旧的小区或小巷，就能看到满墙“办证刻章”的小广告。在中国，不论你身处城市还是农村，“办证刻章”永远是出现频率最高的“牛皮癣”，它的身影还经常在好莱坞大片中出现。

2. 拨通墙上的电话，接听的人叫庞平，40岁，是专业的刻章师傅，后因私刻公章，涉案诈骗被拘役3个月。出来后他洗手不干了。“正常刻章，5元钱一个，赚不到钱。私刻公章就不一样了，那时候，只要给钱，什么章都敢刻。放出来后，就没敢再做了。”庞平说，“我现在在渔船上打工。”

3. “包治性病”这类的小广告这些年已经逐步退下了大城市的电线杆，但这类小广告还能在一些农村或者城乡接合部看到。

4. 打了无数个电话，我终于在杭州郊外的一个棚户区找到了这家“诊所”，所谓的“治疗”也就是打吊瓶。到了门口，老板娘看到摄影师的相机，迅速过来把“诊所”的牌子移开，操着一口外地方言解释道：“俺们就是做做推拿理疗……”

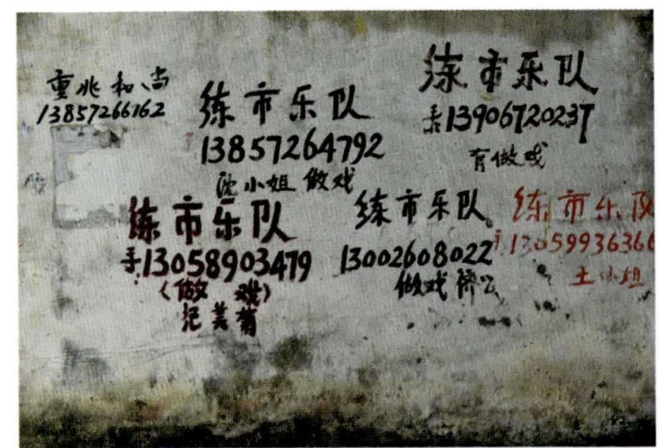

5. “母猪配种”、“土鸡蛋”、“小鸡苗”这种类型的小广告，无疑是农村里农民推广自家产品的最好方式。他们的目标客户往往也就在自己所住村子的方圆10公里以内。

6. 浙江湖州的陈大伯，养了7头种猪，接到电话，他就赶着自家的公猪出发了。陈大伯说：“配种成功，一次收费100元。”

7. 在江南一带的农村，每逢婚丧嫁娶、建房上梁等家中大事，农民们都会请个乐队到家中热闹热闹。

8. 浙江湖州的陆先生组建乐队很多年了。队员们十多人，来自全市各个地方乡镇，他们平日都有自己的工作，业余时间出来排练。接到活儿后，谁有空谁去，凑够6人就行，每人每单能分到600元左右。

“枪支迷药”类型的小广告不多见，但这几个字看着就让人觉得恐慌。第一次看见这类小广告是在温州车站的公厕蹲坑前，这一次是在江西的一个小镇上。

拨通墙上这串黑色的号码，费了很大劲儿与他沟通，他才同意见面。年轻时，他是个小混混，现在做保安。他说：“为了赚点钱给儿子治病，工作之余帮人送货，送一次拿50元钱。刚开始，我不知道包装里是什么，知道后，就不敢送了。改为后半夜上街写小广告，一个月老板给我200元。”

1 | 3 | 5 | 7
2 | 4 | 6 | 8

1. 打洞、疏通这类小广告在城市的小区里最常见。但在物业管理较严的新小区比较少。

2. 陈先生来杭州打拼有5年了。原先他在工厂里干活，后来在一个老乡的指点下干起了墙面打洞的活儿。陈先生说：“干这个，你们城里人装修、生活都需要，生意很好的，而且现金交易，一个月下来能赚7000多，不像以前在工厂干活，到年底还怕拿不到工资。”

3. 春节结束，各大城市又现“招工难”，杭州也不例外。外来劳动力市场边的公共厕所门前都挂着招木工的小广告。

4. 留下联系方式的是陈老板，他是个小包工头。为了招到木工，他已经等了4天，接到7个电话，不是想当学徒，就是价格谈不拢。

5. 寻人启事广告也很常见，浙江台州街头有上千张这样的寻人启示。

6. 陈林冬和赵敏是从贵州来浙江打工的一对夫妇，他们的孩子于2014年12月3日上午走失。从此，夫妇俩每天都要出去贴小广告，想着各种办法寻找失踪的儿子陈世楼。

7. “富商不育，美女求孕”，这样的小广告往往集中粘贴在外来务工者居住的城乡接合部。这类小广告，明眼人一看就知道是个骗局，但依然会有人上钩。

8. 电话那头的声音很温柔，很快，她会约你到宾馆门前相见。等你到了邀约地点打电话给她时，她会说：“我已在楼上看到你了，你长得真帅，我很满意，不过，你得先交300元到指定账户，好为你安排体检……”真实的结果是，不管你交不交费，电话那头的“美丽女子”你永远也别想见到。

“包小姐”、“商务陪游”这样的小广告出现最多的地方是宾馆的门缝里。在城市的一些小巷子、老小区和人流集中的车站附近也很常见。

她从外地来到杭州，在一家服装市场附近的宾馆做小姐。每天从上午10点开始接客，一直到凌晨3点，月收入在25 000元左右。本来，她打算干一年赚点钱回老家开个服装店，但服装店开业后，生意并不好。家里要买房，眼看着房价飞涨，再不买就更买不起了，她便又开始重操旧业。

1 | 2

1. 城市里的小广告写了涂、涂了写地循环着。每张小广告背后，都有一个秘密。有人用它坑蒙拐骗，有人用它寻子寻亲，有人用它寻找客户，有人用它方便生活……

2. 杭州九堡的这位环卫阿姨每天的工作就是清扫地面卫生。此外，她每周还要花整整两天的时间清理一次墙面小广告，一个月下来，收入在3000元左右。小广告用最低的成本迎合或承载着各路人群的需求，在公共空间的角落里生根。关于它的好坏，不应是一道简单的判断题。

江西饭
粮油配送
明针车行

未婚妈妈

她们有的择偶不慎，有的被人欺骗。她们大多涉世未深，或是从小缺爱。一不小心，这些女孩成了未婚妈妈。长期生活在舆论和道德的责难中，成为这个社会中被“边缘化”的特殊群体。

摄影师 / 原丽阳

纪实摄影师，现居北京，曾获第72届POYi全球年度图片奖报纸新闻图片故事类一等奖，并多次获得华赛、金镜头摄影大赛金奖。

在世俗眼光和道德绑架中，她们选择了集体沉默

因为新闻工作的原因，我曾接触过一些未婚妈妈，对她们的故事已经有所了解。后来，在网上看到很多关于未婚妈妈的负面新闻和评论，这种非理性的一边倒式的评论让我感到揪心。我不知道网络评论是否能够代表社会大众的普遍观念，但“看客们”的心态相互影响，片面的观点和言论被无限放大，网民们似乎早已不在乎自己看到的信息经过了几手的加工，是否真的可信。

来自海南琼中的女孩小可，从小被寄养在伯父家，缺少亲生父母的关爱。她怀孕的时候才19岁，对方是一个大她十几岁的男人。发现怀孕后，她固执地生下了孩子。她说：“我不是为了那个男人，不是为别人生孩子，这个孩子是我的，我的孩子。”这个做了母亲的小女孩，选择用疼爱孩子的方式来抚平曾经的焦灼和伤痛。她和她的孩子没有伤害任何人，但在社会舆论中，她被冷酷地贴上了“不良少女”的标签。

我很想替这样的女孩说话，讲出她们原本平淡的故事，让社会能够更加全面地了解她们，接纳她们。

未婚妈妈小梅从小被多个家庭收养，几乎没有体验过什么是母爱。她试图挣脱带给她痛苦的家庭，却发现外面的世界有更多的欺骗。不到17岁那年，小梅离家出走，准备到上海的餐馆打工，因为没有身份证被遣送回家。后来，一位外出打工的小姐妹介绍她到深圳工作，到达深圳之后才发现工作是做小姐，那一次她差点被强奸，幸好最后想办法逃脱了。

然而，经历了种种波折的小梅，仍然不谙人情世故。她在打工时遇到了孩子的父亲，一位曾经的“成功人士”，当时做生意赚了很多钱，在交往过程中，因为赌博花光了小梅攒下的几万块钱。更让小梅受伤的是，这个男人不光早已结婚，还有两个孩子。那时的小梅已经怀孕，但她没有哭闹，也不想去破坏对方的家庭，心里觉得这段感情虽然坎坷，却承载着她最幸福的岁月。生下孩子之后，小梅的内心更加平静，她开始明白做父母的难处，慢慢体会到养父母曾经对她的恩，母爱改变了她。
有一段时间，小梅带着几个月大的孩子，住在潮湿的地下室。后来，她把自己的困难告诉了养父母，

他们理解她，允许她回家，并帮她带孩子。为了防止孩子的父亲争夺抚养权，经济条件尚可的小梅一直努力工作，现在是一家西餐厅的店长兼股东。为了解决孩子的户口问题，小梅与孩子的父亲签订了协议结婚。她觉得，无论往事多么痛苦、艰难，生活总是继续向前的。

传统而世俗的观念，让这些女孩和她们的家庭居于一种十分难堪的境地。她们愤怒，希望有人能“拔刀相助”，但又选择了集体沉默。采访过程中，很多未婚妈妈只想“曝光”那些男人，或者讲述自己的故事，并不愿意面对镜头。我能理解她们在现实生活中的处境，因此在交谈的过程中尝试着做一个倾听者和记录者，而不去妄加评判。

她们的故事让我想起了两部电影——《大象》和《巴别塔》。我觉得这两部电影的共通之处在于，它们都力图告诉我们，事件的结局只是我们看到的表象，而道德不应该简单地被表面现象绑架。在新闻快餐化的今天，客观、理性、宽容地看待各种现象确实很难，我只希望自己的报道能让社会对这些未婚妈妈们少一点偏见。

1 | 2/3

1. 小可是海南琼中的一位 21 岁妈妈，孩子今年快两岁了。小可说，小时候父母下岗后一直在广东工作，自己在广西读书，是个留守儿童。之后上了民办大专，但学得不好，一毕业就转行。小可说："后来，遇到了比我大十几岁的孩子爸。我喜欢逃避问题，需要大人的呵护。"

2. 天气阴沉，暴雨将至，小可的出租屋内闷热难当，她将孩子抱在窗台上透透气。小可回忆："孩子爸的出现温暖了我的世界，就这样稀里糊涂地恋爱了，怀孕了。父母知道后很恼火，找孩子爸劝婚无果。孩子爸把我接到海南后就不管不问了。然后，我做了这辈子最艰难的决定。"

3. 小可和儿子在出租屋内玩耍，气氛平淡而温馨。"我决定生下孩子，而且做好了一个人承担的准备。"小可说，"月子里我一个人照顾孩子。为了给孩子上户口，从海口到琼中跑了十几趟。我觉得自己只是个平凡的未婚母亲，我们不需要别人的帮助，只是不要给予异样的眼光就够了。"

1 | 2/3

1. 小芳是湖北荆州的一个普通女孩，从小家教很严，与异性的交往很少。年近 30 岁的她，去年才在别人的介绍下认识了肚里孩子的爸爸。他在一家事业单位上班，是个普通职员。怀孕3个月的小芳站在屋后的草地里透气，为了躲避非议，她现在能不出门就不出门。

2. 小芳说，他是自己的第一个男人。认识几个月后，自己怀孕了，但他却反悔了。男方的理由是物质条件不具备，生孩子会让他失去工作，要求小芳打掉孩子。但小芳感觉委屈，如果对方连生下孩子的勇气都没有，还谈什么未来。在一次争吵中，两人的写真照被摔碎了。

3. 小芳在家里翻看手机，看他曾经发来的信息，从热恋时的聊天到两人争吵……为了给孩子上户口，在他领导的担保下，两人协议结婚，等孩子上了户口之后再离婚。对于工作，对于婚姻，小芳没有什么打算。她觉得，是家庭环境和父母的传统思想阻碍了她的成长，现在的她也只能这样过下去。

1 | 2/3

1. 小梅说，在自己出生一个月的时候，妈妈就把她送给了别人，随后又被许多家庭领养过。在学校里，不少同学把她看作“怪胎”。她觉得自己从小就生活在阴影之下。小时候的她会故意去店里偷东西，让对方打 110，她觉得这样就可以被带离“家”这个是非之地。在这间昏暗阴冷的地下室里，小梅和她的孩子度过了难熬的一年。

2. 夜里，小梅在小区的地下室里静悄悄地做饭。他们母子俩一般都在入夜后才出来活动。小梅说自己17岁时离家出走，来到城市后一次次被骗。从小就疏于亲情而又生性懦弱的她，一直想找个有内涵的另一半。

3. 小梅抱着孩子去超市，一路上走得很忐忑，怕被她所认为的“计生工作人员”抓走。说起男方，小梅回忆，自己是在工作中遇到他的，他曾经很成功，但生意失败后想走捷径，却因赌博花光了两人的所有积蓄。小梅后来才知道，他的背后还有个家。历经波折之后，小梅开始质疑自己当初为什么要离家出走。

13

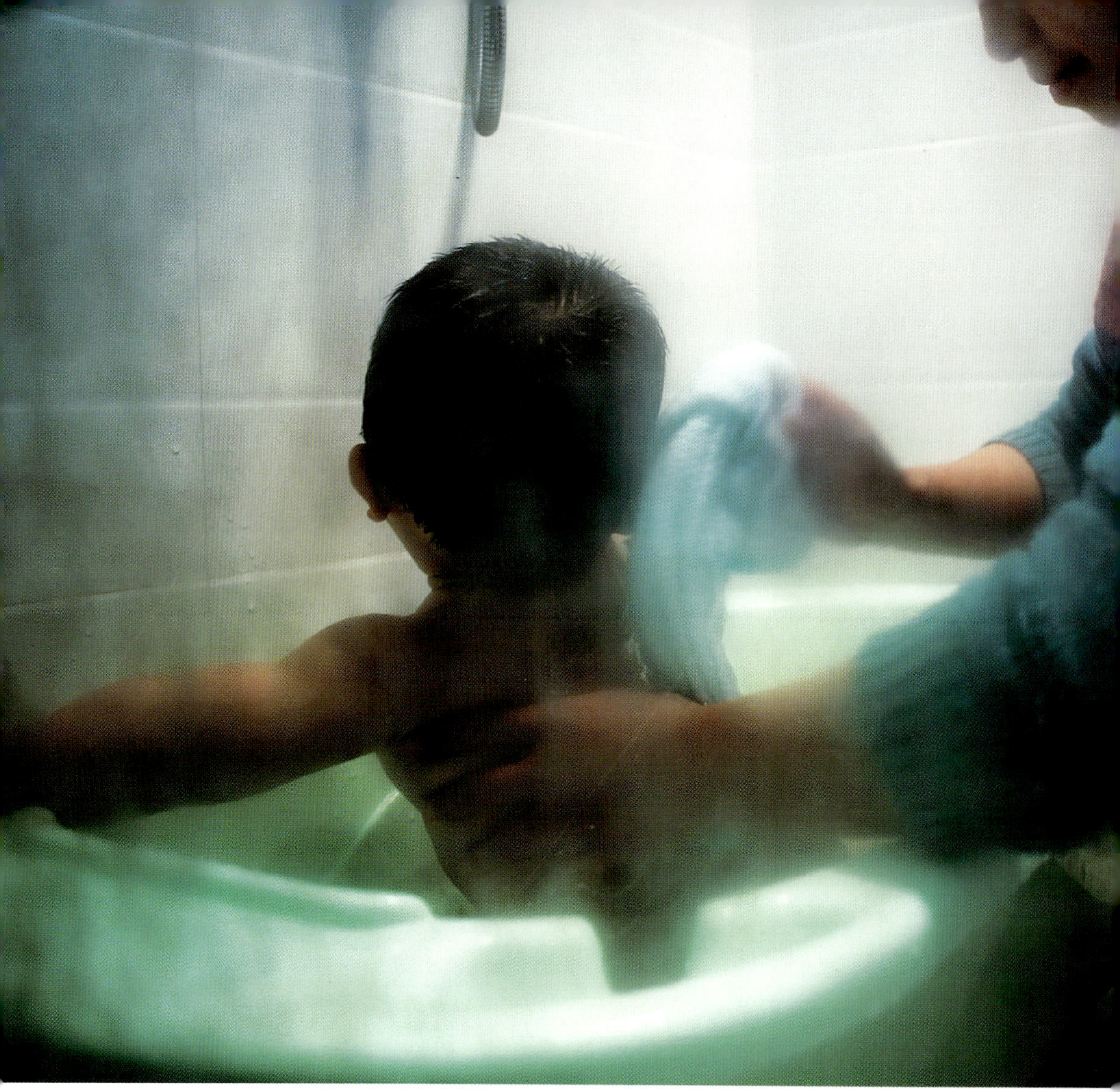

1 | 2/3

1. 小潘在家独自为儿子洗澡。小潘说："在和孩子爸相处的几年里，先后流产了两次，这次我不想再放弃孩子了。在我待产的时候，他在外面找了个女孩。我知道他年纪小，想玩，在我的要求下他们断绝了来往。孩子出生两个月后，他又消失了，找了个新女朋友。"

2. 小潘准备推着儿子到菜场买菜。为照顾孩子，小潘丢了工作，她准备等孩子再大些就开始自己创业。今年 26 岁的小潘，和孩子的爸爸在 5 年前认识。男方在家排行老五，前面4个都是女孩，因此家里人对他极其宠爱。据小潘说，男方的妈妈总说她儿子在世界上是最好、最帅的。

3. 小潘现在住在自己家里，较为宽容的父母给了他们母子俩宽敞的生活空间。如今，她工作过的饭店要开新店，她准备入股。小潘说："再努力两年，她一个人也有能力养活孩子，只有苦过、无助过，才能逼迫自己成长。我感谢那段无助的日子，感谢儿子促使我成长，并变得越来越优秀。"

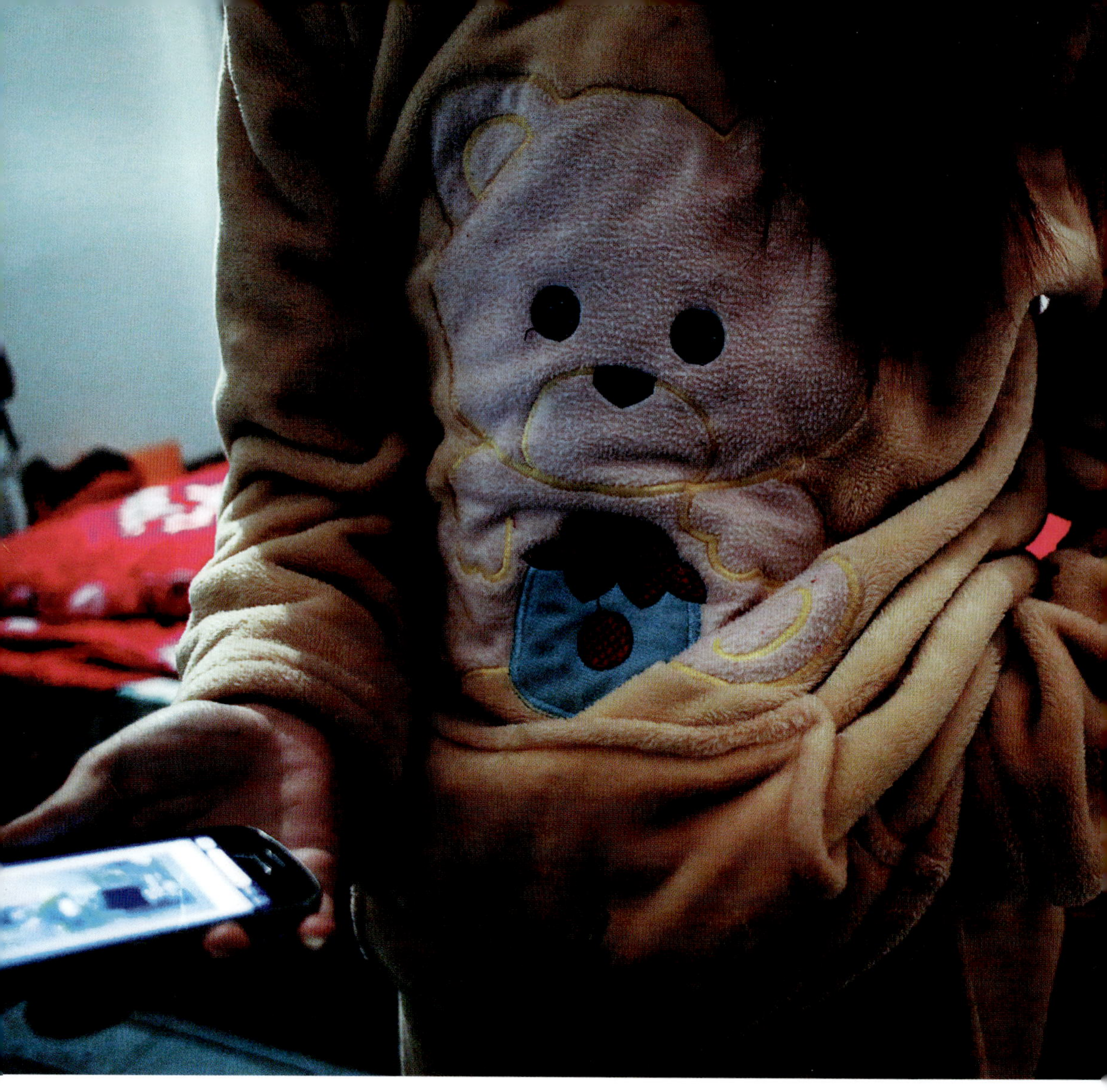

1 | 2/3

1. 小云是个被领养的女孩，性格早熟的她初中毕业后就开始工作了。16 岁时，她第一次怀孕，打掉孩子后，又经历了几次痛苦的恋爱。为了爱情，她摔过瓶子，割过手腕。夜里，小云躺在床上翻看着手机。因为现在住的地方距离新的工作地点较远，她准备搬家，这是她住在这里的最后一晚。

2. 小云回忆，在朋友的生日聚会上，她认识了现在肚子里孩子的爸爸，当时被他的内敛和安静吸引，结识后很快进入了热恋。怀孕5个月的小云，看着自己渐渐大起来的肚子犯愁。白天，她找到了一家愿意接受准妈妈的公司，但小云感觉好景不会很长，随着肚子一天天变大，到生产的时候，她又会失业。

3. 小云走出楼道口，这天她搬到了一个离工作地点更近的地方，那里有能够照顾她的姐妹。小云说，男方尽管很“安静”，但整日沉迷于网游，砸进去很多钱不说，还跟网友玩暧昧。到小云第三次怀孕时，他们仍在为这件事吵架，男方依旧要求打掉孩子。“如今我也不想找男人了，但希望有一个自己的孩子。”

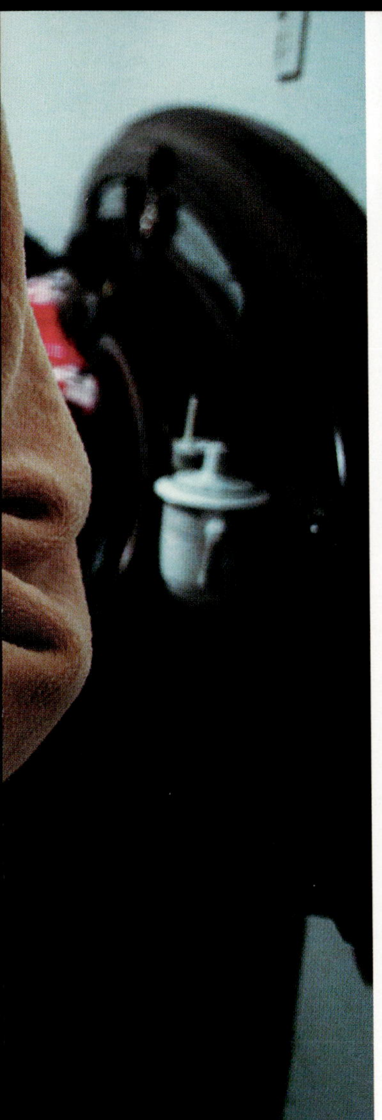
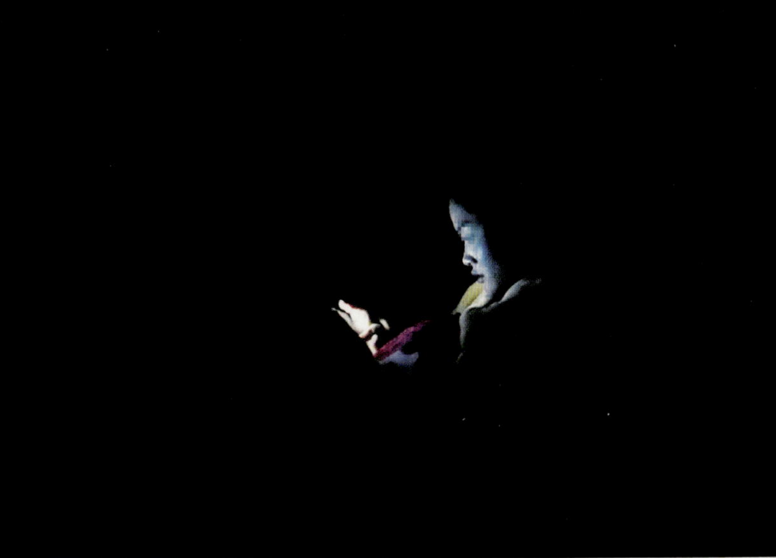

2015年3月，电影《失孤》上映。影片中寻子14年的故事，令观者纷纷为之动容。“因丢失儿女而孤苦不堪”，在现实生活中，这样的父母和家庭真实地存在着。为了找回孩子，他们聚集起来，一同诉说，哭泣，呐喊。1年，5年，10年，20年……希望渐渐渺茫，但他们依旧奔波在路上。

摄影师 / 文若愚

2011—2015年，任职云南《都市时报》摄影记者，负责社会新闻的采访和拍摄工作。2015年至今，任职澎湃新闻图片编辑。

这个群体最大的绝望，恰恰就来自于他们那微乎其微的希望

两年前的一次报社采访，让我第一次走进了“失孤”家庭。

那天的采访对象是一位名叫唐有秀的母亲，她的儿子在城中村玩耍时被人拐走。出乎我预料的是，当时的采访刚开始没多久，又有好几个“失孤”家长来到了唐有秀的家里——原来听说有记者来采访，他们都希望报社能帮助他们寻找孩子的线索。

家长们越聚越多，最初他们都尽量克制自己的情绪，冷静讲述孩子丢失的经过，然而说着说着，很多家长就放声哭了起来，整个屋子充满了悲伤的气氛。除了悲伤，他们的愤怒和团结也夹杂在当中，让我感受到了一种强烈的冲击力。其中一个家长还说，下个月要去江苏声援一个打拐案件，他已经做好了各种准备去“大干一场”。

那一次采访结束后，我上网查了一些资料，发现关于拐卖的新闻很多，但大部分是零碎的，鲜有针对整个“失孤”群体的报道。于是，我心里就产生了深入调查的想法。

从开始拍摄到最后刊发，刚好一年。我通过最先接触的几个家长，加入了各种不同的寻子QQ群，挑选出了大概10个采访对象，他们都有比较独特的“失孤”故事。但采访开始后，一些接受了采访的家长会带我再去认识更多家长，这样一来最后拍摄的家庭大概就有三四十个了。

这些家长们也会经常自发组织一些宣传活动，一来为了寻找孩子的线索，再者也希望引起社会更多的关注。

有一件事，也可以说是一段话，我记得很清楚。当时，我和一位母亲聊到了失孤家庭。她顿了顿说，自己其实很羡慕那些由于疾病或者意外事故而永远地失去了孩子的父母，因为他们已经彻底没有了希望，反而可以放手了。她有一个亲戚就是这样，因为交通事故失去了家里唯一的孩子，第一年很悲痛，第二年也很悲痛，到第五年、第六年就慢慢缓过来了，十多年过后，生活基本已经跟普通家庭无异了。但是她不行，孩子丢了十多年，一直不停地找，家也散了，工作也没了，日子过得很难。就好

像行走在隧道里，如果彻底黑了，她会转身，但如果远处总有一点点的光，残存着一点点的希望，她就会一直走，或许就这样永远生活在黑暗里。当时，她的这番话让我突然间明白，“失孤”这个群体最大的绝望，恰恰就来自于他们那微乎其微的希望。

还有一件事，也给我留下了很深的印象。当时我正在江苏采访，跟着大概30个家长一起住进了一家小旅馆。他们打算声援一位母亲，一位因找寻亲生骨肉而被孩子养父母告上法庭的母亲。在旅馆里时，家长们的言行都很平静，家长里短地聊些东西，看不出他们跟普通的家长有何区别。但在第二天声援活动开始后，他们每个人的情绪都变得相当激动。在法院庭审结束后，原告刚走出法院时，家长们瞬间就爆发了！他们对原告围追堵截，每一个人的情绪都完全失控了，场面特别吓人。很多特警到达现场后，家长们依然没有任何退缩，一直跟警察对峙。警察拿着喇叭对家长们喊话，家长就搬出音响回应，场面紧张又荒诞，直到他们一个个被特警拖走。

孩子丢失之后，少数公安机关的不作为，加之社会关注和心理干预的缺乏，使一些家长的悲伤情绪演变成了对社会的愤怒，这让我在同情之外，也对这个群体产生了一些担忧。

贪婪、偏见、道德失衡和法律不完善打开了买卖儿童的“罪恶之门”

有两个被拐的孩子很特别，高伟涛为了寻找亲生父母从养父母家逃了出来，陶泽福见到亲生父母后又返回了养父母家。其实这两个孩子是不应该放在一起进行对比的，他们的相同点仅仅在于两人都是被拐卖的孩子。在拐卖这件事情上，最无辜的就是孩子，不管他们长大后做何选择，我都觉得无可厚非。我没有拍到陶泽福，其实我压根儿就没有去联系过他，因为我并不想去打扰他的生活。当时报道出来后，有的网友留言指责陶泽福不孝，有的则认为人都有选择自己生活的权利，家长为孩子付出了很多，但并不意味着就一定要得到孩子的某种回报。对于很多被拐的孩子而言，亲生父母的痛苦和努力他们无从得知，更无从感受，但即便这样，如果站上道德的高地去指责这些孩子做出的某种选择，恐怕也是不公平的。

刚开始接触失孤家长的时候，我对他们基本持同情的态度。而采访了一段时间后，我发现有一些家长内心怀有特别强烈的仇恨，对人贩的仇恨，对警察的仇恨，对社会的仇恨，甚至还有对个别不“团结”的失孤家长的仇恨。这种仇恨让我很担忧。

养父母这个角色也是一样，很多人厌恶他们。因为没有买卖就没有伤害，没有这群“买家”，也就不会有那么多丢失孩子的家庭了。道理当然是对的，但当我站在高伟涛养父母家里的时候，我确实感受到了他们对高伟涛的爱和不舍。看着高伟涛转身离开，突然间我又有点同情这对养父母了。

买卖人口，算是一种古老的罪行了，起因都是人心的贪婪。或出于重男轻女的渴望，或受制于无法生育的困境，“买家”滋生出了买孩子的需求。一些利欲熏心的人贩，带着他们对人性和生命的极度不尊重，以及淡漠的法律意识，开始实施拐卖。尚不完善的法律体系，难以充分追究“买家”的罪责，导致这些人在道德上没有负罪感的同时，在法律上也不被惩处……拐卖孩子的罪恶之门由此打开。

他们需要更多的社会关注

电影《亲爱的》和《失孤》上映时，让家长们兴奋了一段时间，他们觉得社会开始关注他们这个群体了，一些家长还觉得这一年是打拐“高潮”年。看到这些，我也挺开心，的确，他们需要更多的社会关注。但说到故事的进展，就只能说遗憾了。我采访过的那些家长，依然没能找回自己的孩子。在QQ群里，每天的信息依旧是呼吁对儿童拐卖实行买卖同罪，时不时还能看到新的“失孤”新闻。

说起社会意义，我想起了深圳的一个家长。他叫李钟祥，为了让自己孩子的信息散播得更广，也为了能引起更多人对拐卖儿童犯罪的关注，用尽了各种方法——开车拖着“人贩模特”四处宣传打拐知识，把新买来的牛仔裤剪出破洞，甚至用毛笔在脸上写寻人启事。这一切近似疯狂的举动，都只为了能让路人多驻足一会儿。然而即便这样，一些围观的路人还是很怀疑李钟祥的讲述。“他们觉得孩子不可能就这样被拐走了，然后就会找不到了。我只是想告诉他们，这一切都是真的！”李钟祥说。我想，这组报道的意义就如他所说，让更多人知道这事真的发生了，就在我们身边。

采访中最大的困难是，我还没有成为一个孩子的父亲，有些情感确实难以体会。家长们都很愿意跟我说他们的故事，甚至还有家长专门请了假，带我去看孩子丢失的地方。很多丢失孩子的家长撕心裂肺地哭泣，恳求我帮助他们找回孩子……我的出现勾起了他们痛苦的回忆，却又无法抚平他们的伤痛，我也无力为他们做更多的事，因此希望在此向他们说一声抱歉。

目前，我只是完成了整个拍摄项目中最容易的那部分。我还计划去拍摄人贩子和那些买下并抚养了孩子的家庭，以求从更多角度全面地观察这个问题。这个缺失是种遗憾，我争取在未来几年里将它弥补。

重庆市合川区，64岁的刘贤志在家中哭泣着呼唤孙子刘俊麟回家。2014年4月14日，8岁的刘俊麟在小区里失踪。此前，他一直跟着爷爷生活，父母都在外地工作。刘俊麟失踪后，他的父母立即赶回重庆报案。一家人找遍了合川区的大街小巷，却一直没有任何消息，现在的刘贤志每日以泪洗面。

罗兴珍，今年57岁，1995年在贵州都匀打工时，她5岁的儿子胡华北和7岁的女儿胡华兰同时被一个红衣女子带走，从此杳无音信。18年来，她一直不敢离开这个城市，每天守着汽车站旁边的鞋摊，看来来往往的人流，盼望自己的孩子有一天能回来。

1/2 | 3

1. 虽然已经寻找了15年，但唐蔚华依然坚信儿子有一天会回到自己的身边。1999年8月，人贩子在上海市虹口区将她4岁的儿子王磊拐走，被警方抓获后，始终不肯交代孩子的下落。唐蔚华几乎每个星期都到监狱去探望这个人贩，哀求他说出自己孩子的下落，甚至变卖家产送钱给他。

2. 肖超华疲惫又失落地躺在家里的床上。这是春节后他第一次回家，跟妻子短暂地团聚后，他很快又要出发去寻找孩子。2007年2月14日晚上，肖超华5岁的儿子肖晓松在自家的服装店门前丢失。这些年来，为了寻子，肖超华的足迹几乎遍及中国的每一个省市。

3. 杨晓青是深圳市的一名出租车司机。2004年12月19日，他带着儿子杨小弟在楼下玩，有人招呼他下棋，他让孩子在旁边玩耍，自己下了三盘棋，再起身时已不见了儿子的身影。10年来，他一直坚持做出租车司机，每天将印有儿子信息的卡片放在车上，拜托客人帮忙打听线索。

1/2 | 3

1. 2009年3月，6岁的郝博文在郑州走失。5年间，父亲郝东峰几乎从不缺席“失孤”家长们组织的各种寻子活动，他家里的火车票已是厚厚一沓。每次出去，短则四五天，长则一两个月不回家，都是常有的事。这几年，找孩子几乎花光了家里所有的积蓄，家庭的经济收入只能依靠妻子做的小生意支撑。

2. 2012年1月5日晚上，彩利姣出生仅百余天的女儿袁思涵被人从家中偷走，直到彩利姣晚上醒来准备给女儿喂奶时，才发现女儿不见了。她根本就不曾想到过孩子会被人从被窝里偷走。因为太过思念孩子，31岁的彩利姣时常精神恍惚，而每一次所谓“希望”带来的打击都让她更加痛苦。

3. 北京的一间出租屋内，6年前女儿姚丽的失踪将这个家瞬间撕裂。姚丽的母亲经常做一个梦，梦里丈夫带着女儿回来了，她伸手想要抱女儿，但一伸手两人就都不见了。姚丽的父亲在踏遍了大半个中国，寻找了几千公里后几近崩溃。夫妻俩经常为女儿的事相互指责、吵架，甚至还会动手。

2013年7月，在苦寻14年之后，李钟祥终于找到了亲生儿子李成龙。李成龙出生仅6个月就被拐卖，再次回到这个家庭，已经过去了整整14年。坐在家里的床上，李成龙说，回到亲生父母家后“感觉很温暖”。而引导孩子融入这个家庭，对李钟祥来说还有很长的路要走。

1 | 2/3

1. 高伟涛和杨海军在开往重庆彭水的火车上沉沉睡去，他们准备去参加一家网站举办的寻亲宣传活动。一路奔波，两人都很疲惫。他们都曾经是被拐卖的孩子，童年都过得不快乐，经常挨打，最后都选择从养父母家中逃离，找寻自己真正的血脉亲人。

2. 2011年，高伟涛从养父母家里逃了出来。两年后，为了拿回自己的身份证，他第一次回到了养父母家里。"就是养只狗都会有感情，养了你20年，给你建房子讨老婆，你就这样不声不响离开了。"养父十分愤怒地让高伟涛赶紧离开。"但我们终究不是狗。"高伟涛离开后低声说。

3. 高伟涛从小就整天吵着"我要回家，这不是我的家"，还时不时逮着机会就往村外跑，却一次次被村里人和养父抓了回去。这次告别，没有人再阻挡高伟涛离开。准备走出养父母家的时候，一直没说话的养母突然紧紧抱住了他，叮嘱高伟涛一个人在外要注意身体。

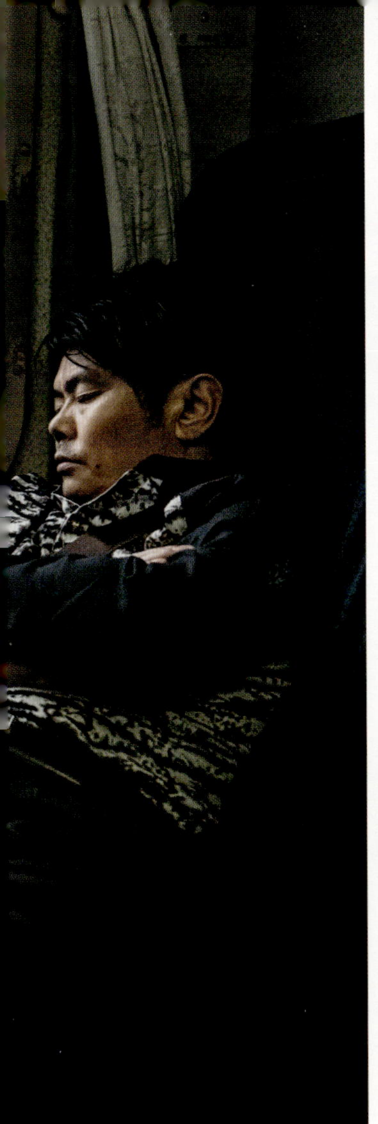

1989年3月，6岁的陶泽福正读小学一年级。那天，陶泽福的父母正在黔西县农场里工作，而他在放学回家的路上走失。陶泽福失踪后，他的母亲生了一场大病，由于没有及时医治，最终导致一条腿瘫痪。他的父亲承受不了这样的打击，在家中墙壁和村子围墙上写满了各种“咒语”，整个人变得时而清醒，时而疯癫。

2014年1月，失踪了25年的陶泽福在一家寻子网站的帮助下，奇迹般地回到了亲生父母家。陶泽福回家那天，家里挂上了巨大的条幅“欢迎陶泽福终于回家”，至今也没有摘下。而在回来认亲后的第二天，陶泽福就回到了福建的养母家中，再也没有回亲生父母家。

留守妻子

进城务工的大潮，让许多农村家庭变成“女耕男工”。在中国8700万留守人口中，占半数以上的妻子们，家务、农活一肩挑，常年与寂寞相伴。每年邻近春节的时候，她们都在期盼丈夫一年一度的归来。

摄影师 / 吴芳

《合肥晚报》摄影部主任、中国摄影家协会会员。组织过“航拍合肥”、“合肥全民摄影季”等大型视觉策划。曾获“金镜头”金奖、“华赛”铜奖，多次获安徽省新闻奖一等奖和全国晚报新闻奖金奖。2008年被评为“安徽省十大杰出青年摄影家”，2012年荣获“金镜头”中国杰出摄影记者，2014年被中国摄影家协会评为年度中国十大杰出摄影记者，2016年荣获图虫网“今镜头”十佳摄影师。

“让生活先富起来”成了每个留守家庭的无奈选择

我关注留守妻子这个选题已经有好几年时间了。有媒体报道安徽临泉近百位留守妇女遭遇性侵犯，让我意识到报道这个群体的紧迫性。

作为中国人口第一大县，临泉有213万人口，这个农业大县的外出务工人员有60万~80万。此前，临泉县综治办一份材料中指出，“随着农村地区青壮年劳动力大量外出务工，农村治安防范能力日益削弱，安全问题给农村的平安和谐带来很大隐患。”这则新闻当时引起了媒体关注，却没有人注意到留守妇女这个群体。

从蚌埠到宿州，从六安到合肥，两个多月的采访时间里，我接触到的留守妻子，除拍摄对象外，还有很多。寿县丰庄镇的刘爱红说，他们村里留守妇女有好几十人，长丰县庄墓镇妇女主任陈红梅说，整个镇子留守妇女超过400人。

寻找拍摄对象一直让我很纠结，主要是沟通问题。一个外人要走进一个留守妇女的世界，这并不容易，她们有强烈的戒备心理。一开始我是进入村庄询问，结果带来一系列问题，几乎没有人告诉我谁是留守妇女。后来依靠当地妇女联合会，还有村妇女主任的介绍，才算是有了转机，但即便是接受采访的留守妇女，大多还是有些害羞。

在采访中，虽然很多话语难以启齿，但从一些留守妇女的表情中，不难看出她们对丈夫的思念，对寂寞生活现状的无奈。“谁不想丈夫守在自己身边？”很多留守妻子都说了这样的话。她们希望丈夫在自己的身边，但又希望生活好起来。在一些农村地区，农田难以维持生计，想有好生活，意味着丈夫们不得不外出打工。最终权衡利弊，妻子们只能选择留守，先让生活富裕起来。

长期的孤独和性压抑导致了连锁的负面情绪

几乎所有采访对象的生活轨迹都是一样的。她们每天要照顾老人孩子，烧饭洗衣，然后下农田。她们生活普遍节俭，在她们看来，男人在外面打工挣钱不容易。一个留守妇女在家里，最担心的是自己或者孩子生病。孤灯难熬可能也是留守妻子最难的地方之一。打电话成为她们化解思念的重要方式，但很少有人一天一个电话。

采访期间并没有遇到妇女被性侵的案例，不过有遇到婚外情的。比如李启云，因为丈夫长期不在家，对家庭不管不问，结果与别的男人好上了。但很快和她相好的男人又与别的女人好上，甚至带着别的女人回到李启云家中，并和李启云睡在同一张床上。李启云因而精神崩溃，在一个凌晨将这个男人杀死。

这是一个悲剧，但如果丈夫在身边，悲剧可能不会发生。中国农业大学一项研究显示，全国有8700万农村留守人口，其中有4700万留守妇女。调查中发现，她们长期处于孤独和性压抑状态，这也导致了连锁的负面情绪。

2014 年 10 月 3 日，安徽省蚌埠市怀远县双桥镇水利村里一片安静，下午5点的太阳正要落下，让深秋的皖北弥漫起丝丝寒意。

1 | 2/3

1. 28岁的邹燕彬（化名）在家里忙着晚饭，儿子在身边哭闹地缠着她。早、中、晚三顿饭，洗衣打扫，接送上幼儿园的女儿，照顾两岁的儿子，都是邹燕彬每天必做的事情。就在邹燕彬忙里忙外的时候，她的丈夫在数千公里外的深圳为整个家庭的生计而忙碌。邹燕彬独自在家生活已整整 5 年。

2. 晚饭准备好了，邹燕彬招呼已经上幼儿园的大女儿来吃饭。邹燕彬说，丈夫一般都是春节后离家，下个春节回，前年因为自己生孩子，年中丈夫回来了一次，而这一年，就只能等到春节再相聚了。问到为什么不去找丈夫时，邹燕彬说："路太远，拖家带口太麻烦了，花销还不少。"

3. 丈夫不在，家里的田地全由公公操持。娘儿仨和公公，一家四口守着一个硕大的院子，形成了一种特殊的"男主外，女主内"的生活模式。邹燕彬揉着鼻子说："最难熬的是夜晚，没人说话，在农村，有的是漫漫长夜。一个男人在外也很孤单，没啥不放心的，爱他就应该相信他。"

1 | 2/3

1. 金灿灿的阳光洒向合肥市长丰县庄墓镇刘浅村的一栋两层小楼，透过门楣的窗户，投射到客厅的桌子上。26岁的贾晓燕（化名）将双手插在暖手套里，伏在桌子上，拨弄着iPad ——这是她怀孕后丈夫给她买的礼物。

2. 留守的贾晓燕还有一个可以做伴打发时间的好伙伴，就是嫂子刘芬（化名）。刚刚29岁的刘芬已经是一个7岁孩子的母亲，丈夫在云南打工。她最早也是跟着丈夫在外打工的，而自从有了孩子，就和贾晓燕一样成了“留守妻子”。去年8月，丈夫因孩子做手术回家一次，下次再回来应该也是过年的时候了。

3. 妯娌俩的老公在一起打工，她们两人之间的联系也因此变得很紧密。家里的田地被人承包了，很多家务事都由长辈承担，妯娌俩白天有大把的时间在一起聊天。虽然她们很希望丈夫能够守在自己的身边，但现实的压力和对好日子的憧憬，让她俩选择默默忍受，只是不知道留守的日子何时是个头。

1 | 2/3

1. 出六安市寿县向西20多公里，就是丰庄镇，一个典型的淮河冲积平原上的农业大镇。在这个镇子里，外出务工依然是庄户人家的主要经济来源。赵静（化名）家就是这样，丈夫在上海打工，她自己留守家中。

2. 和很多留守妻子一样，44 岁的赵静也经历了这样一个过程：年轻时随着丈夫在外闯荡，有了孩子之后，回家做起照顾孩子的留守妻子。留守的生活，赵静已经过了8个年头。这8年里，最让赵静心酸的并不是自己独守在家的寂寞，甚至不是生病，而是在外打工的丈夫的“背叛”。

3. 赵静说，去年丈夫很少给自己打电话，她就已经感到了异样。“男人常年在外，生理上有需要也是可以理解的。”但在外头有了人，她不能接受。于是，去年夏天，赵静递交了离婚申请。后来经调解，丈夫给了她一纸保证书，她同意和解，但内心的这种伤痕需要时间去抚平。

1 | 2

1. 刘天（化名），33 岁，宿州市灵璧县人，婚后生了一个孩子，丈夫在浙江开货车。丈夫上次回来是4个月前的事了，而自己已经留守在家8年。往日里刘天在家负责照顾孩子生活，老公每个月会寄一些生活费回来。但在农忙的时候，刘天会给住在同一个村子的哥哥搭把手。

2. 深秋是玉米收获的季节，玉米地里人也多了起来。刘天自家的地包给别人种了，刘天说，男人不在家，她没有时间，也没有力气种地。

1 | 3
2 | 4

1. 钱芳（化名），26 岁，蚌埠市怀远县人，丈夫在上海打工，自己在家带孩子。丈夫春节后外出，夏季农忙时曾回来过一次。钱芳说，自己的婆婆也是一个留守妻子，老公公在铁路上和婆婆分开了 30 多年，一年只有春节才回来一次。钱芳担心自己会步婆婆后尘。

2. 孙晶（化名），37 岁，蚌埠市怀远县人，丈夫在上海打工，自己在家带着两个孩子。正是玉米和黄豆的收获季，孙晶一个人找来收割机收割，然后自己开着三轮车将收获的黄豆拉回家。“去年8月份的时候，丈夫刚回来过一次，下一次估计要到春节了，家里的几亩地只能靠自己了。”孙晶说。

3. 赵友天（化名），44 岁，六安市寿县人，婚后生了两个孩子，丈夫在上海打工，留守 10 年，最近一次见他是在夏季农忙的6月。现在大儿子已经上大学了，她在家里照顾小的和老人。闲暇里，赵友天会到附近的服装厂接一些手工活儿回来做，尽管一天只能挣20多元，但她说总比打麻将好。

4. 刘艳（化名），26 岁，六安市寿县人，结婚5年，老公在淮南打工，一个月回家一次，最近一次见老公是在一个月之前。刘艳年纪轻，孩子有公婆照顾，因此她选择到乡里的一家私营服装厂打工，一个月一千多元，虽然比不上在沿海打工，但至少可以在家门口照顾孩子。

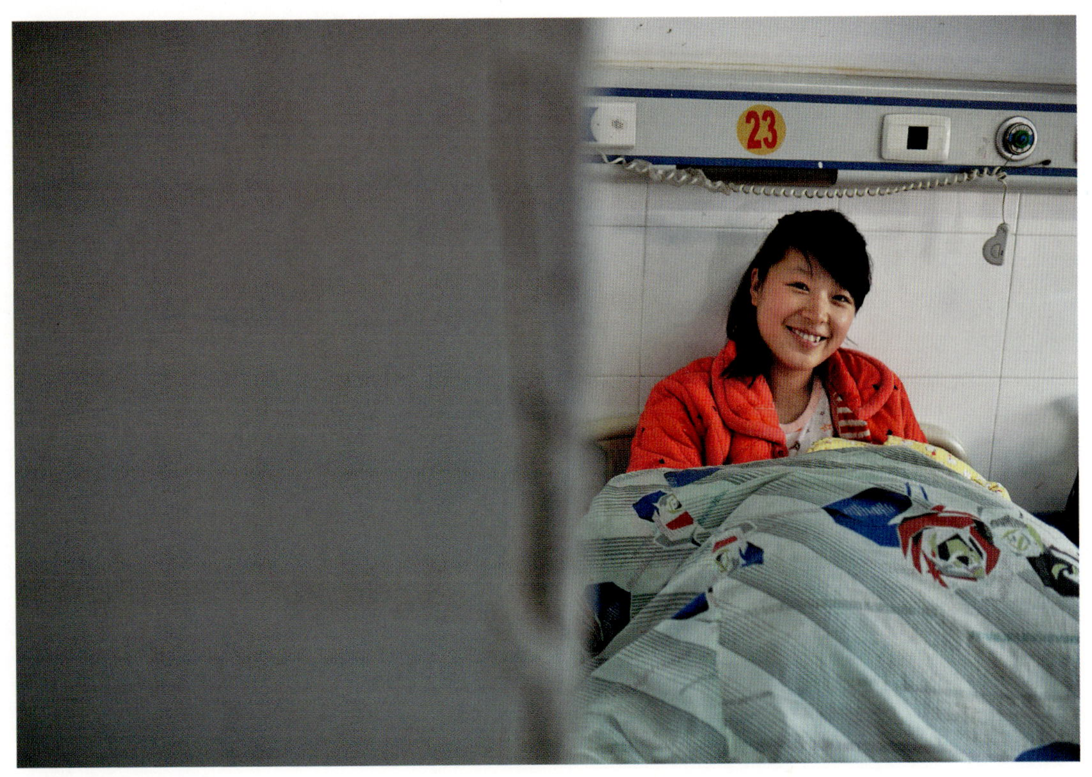

张婷婷（化名），24岁，合肥市长丰县人，和老公一起在上海打工时认识，怀孕后的第8个月才回到合肥。老公在她生孩子时从上海赶了回来。2014年12月5日，张婷婷顺利生产，怀抱着孩子的她笑得很甜。但这一天，也是她留守生活的开始。

捉奸人

我国自1993年起就严禁任何单位和个人开办“民事调查所”、“安全事务调查所”等。可由于调查市场庞大的隐形需求和可观利润，“调查机构”始终层出不穷，真假难辨。逐年增高的离婚率，令“婚外情调查”成了他们的主要业务。行走在灰色地带的“私家侦探”们信奉一句话：“有人走在暗处就一定有人躲在更暗处看着他。”

摄影师 / 王丹穗

2014年毕业于北京电影学院，现任新浪网专职摄影师。2015年荣获大理国际影会《秘境PHOTO》年度摄影师收藏提名奖。

打开搜索引擎输入“私家侦探”，弹出的相关信息有上万条，留心观察，你会发现有很多调查公司的广告排在前几页。据了解，每点击一次相关信息，都会让刊登信息者付出三五十元不等的点击费。所以很多“调查机构”会要求自己人没事就点击对手的广告。然而，面对如此高昂的“广告费”，这些机构仍会争相投放。

对于大多数人而言，私家侦探是一个只会出现在动画片和电影里的职业，但在现实生活中，私家侦探却是一个真实存在，且从业者众多。最初，他们的服务包括财产调查取证、员工诚信调查、人员行踪调查、网络诈骗调查等，但随着时代的发展，其最主要业务已逐渐演变为“婚外情调查”。

如果不是被逼到没有办法，我也不会选择用这种方式

张萍是一位事业有成的女强人，为了家庭，她选择了在事业如日中天的时候放弃了工作，回归家庭，将生意交给丈夫打理。然而，丈夫在事业上的进展并不顺利，让她常有怨言。张萍的丈夫在众人眼中一直都是一个顾家的温柔男人，但她却总觉得丈夫不太对劲，却又说不上为什么，只好将怀疑藏在心里。时间久了，一向风风火火的张萍开始不由自主地消沉、多疑、嗜睡。和别人说起自己的状况时，大家都劝她多休息，不要瞎想。经过强烈的思想斗争后，张萍还是找到了一个调查公司，她想看看，自己的怀疑究竟是不是真的。

调查结果让她不寒而栗，原来丈夫早有小三，而且就被安排在自家别墅的旁边。丈夫甚至会在她入睡前，往水杯里放入一些安眠药，等她昏睡后，再带小三住在旁边的卧室。张萍说当初自己只是怀疑，但没有人相信她的直觉，如果不是被逼到没有办法，她也不会选择用这种方式。实在想不到这种电视剧里才有的剧情会发生在自己身上。

婚姻调查是朝阳产业，但10个调查公司有8个都是骗子

翁语今年30岁出头，在辞掉了保镖工作后，和一个离婚律师朋友一起创立了私家侦探团队。这个

团队的主要业务涉及找人、婚外情调查、债务追踪等，但和中国其他私家侦探团队一样，他们最主要的业务还是婚外情调查。

翁语是团队的负责人，调查经验丰富，目前退居二线，主要负责与委托人沟通、确认委托人的需求，并商议价格，然后再将任务分配给下属调查员，起到中间人的作用。一般委托人和调查员不会直接见面，案子的进展由中间人督促，并提供相应的帮助。

翁语说："现在出轨太容易了，北京的离婚率也很高，但很少是因为感情不和而和平分手的，绝大部分是因为婚外情。"北京的离婚率并没有准确的统计数据，但据民政部发布的《2014年社会服务发展统计公报》显示，2003年以来，我国离婚率已连续12年呈递增状态，2014年全国共依法办理离婚登记363.7万对，而北京以55 944对排全国第一。

翁语说，现在侦探行业的市场很大，是个朝阳产业，但10个侦探公司中有8个都是骗子。这些骗子利用委托人找证据心切的心理，会很详细地向你索要相关资料和一笔2000～5000元的订金；过几天后，拿一小部分调查成果给你看，如果你想要更多更详细的照片或证据，他们就会再问你索要更多的钱，当觉得你不会再给钱后，他们就会消失得无影无踪。有的还会拿着委托人给的资料和调查结果反过来要挟委托人，或者反过来朝调查对象要钱，同时勒索两边。最后，很多委托人因为不想将事情闹大，都没有选择报警，只得自认倒霉。

翁语的客户群体多为30～40岁的女性，职业从家庭主妇到大学教授都有，且大部分家庭都属于中产阶层。翁语说，虽然我们处于法律的灰色地带，但做我们这行最重要的是懂法、守规矩。懂法是指知道哪些是法律明令禁止的，从而避开法律纠纷；守规矩是说拿钱帮委托人办事就要一切以委托人的利益为出发点，接案子有始有终，不能半途而废或中途加钱，这样才能有良好口碑。

虽然我有一个很爱我的男朋友，但这份工作却让我对爱情和婚姻充满怀疑

小月是一个外表看上去普普通通的文静女孩，大

学毕业后找了一份普通的工作，做了半年后她不满足于每个月2000元的收入和单调重复的生活，于是在父亲的介绍下去了保镖公司工作。保镖公司虽然工资高，但每天几乎24小时的工作让小月很崩溃，后来她在机缘巧合下追随原来保镖公司的培训老师翁语，进入了私家侦探行业。

刚入这行时需要进行为期1～3个月的跟踪与反跟踪培训，训练时间长短因人而异。小月说自己很笨，整整学了3个月才勉强出师。培训是在翁语的安排下，由一个老调查员带四五个新手，两人一组，以一个星期为单位，每天互相跟踪，同时要反跟踪。每天结束后会由老调查员检查，跟踪成功的人会在对方不注意的时候将纸条贴在其背后，被贴的人就算失败。如果一个月内有人没有被贴同时总是贴对方纸条，就可以进入第二关。第二关就是和老调查员同时互不干涉地执行任务，如果得出的结果与老调查员一致并不被其发现，那么才算完全通过审核，正式成为调查员。回想起当初受训的经历，小月还是能记得每天提心吊胆、做梦都梦见有人跟着自己的感觉。

80后的小月在家人的督促下和谈了几年的男朋友订了婚，但由于是异地恋，小月的男朋友一直不知道她的真实工作。而男方对她每个月1万多元的工资很满意，所以也就没再追问工作细节问题。

对于未来，小月说希望30岁以后就退居二线或者做家庭主妇，过居家安稳的日子。虽然向往安逸的家庭生活，但小月还是对婚姻和爱情充满了怀疑。小月说，见过太多夫妻间的背叛和翻脸，她开始痛恨第三者，但也开始变得现实，现在她对男朋友只有一个要求，就是要对自己坦诚。

运气好时一天能挣六七千，运气不好时也会白干一个月

丁哥当过8年的兵，说起自己当兵时的经历，他一边抽烟一边说："年轻时当兵，每天重复机械化的训练，很长时间见不到外面的人，也不知道外面的世界发生了什么，一放假就赶紧离开部队坐在马路边上看人，看他们的衣着打扮、举手投足，就像在看电影。"退伍后丁哥在警局做了一年的文职，但因为受够了每天朝九晚五的作息时间和枯燥的工作，所以毅然辞职，做起了私家侦探的工作。

在丁哥眼中，私家侦探并不是什么很神秘的职业，不过就是一份工作，虽然不用坐班，但需要根据调查对象的作息时间生活。当不知道调查对象是否在家时，往往凌晨五六点就在楼下等着，有时一等就是一整天，也不敢打盹儿，风吹雨淋都得扛着。丁哥说，做调查员最需要的就是耐心，但最难的也是耐心，很多年轻人干了几天就受不了了，一是太寂寞，二是精神压力太大。在调查过程中最痛苦的就是跟丢了对象，那感觉就像丢了孩子似的，心里特别失落，有时整个人都会崩溃。但当找到被调查对象出轨的证据时，也会特别兴奋。

丁哥的老家在内蒙古，儿子刚满月，家里都靠他挣钱生活，虽然不是很富有，但也有车有房。丁哥说他们的单子都是翁语给分配，每单谈好价格后由调查员自行展开调查，运气好时，一两天就能挣一单的钱，运气不好时白干一个月也常有。“现在我们接的婚外情调查案，十有八九都证明女方的怀疑没有错，只是时间的问题。所以调查员平均每个月能接一两单，挣个一两万都很正常。”丁哥说。

有人走在暗处就一定有人躲在更暗处看着他

雇用私家侦探的费用因案子的所在地和难易程度而异，报价大致在5000～60000元不等。高额的利润和广阔的市场让私家侦探们趋之若鹜，行业内鱼龙混杂，充满诱惑又缺少制约。

危机总是与诱惑共存。私家侦探在调查中主要会采用跟踪、录像、定位、非法购买被调查者的信息等方式来采集所需的“证据”。在这些方式中如采用工具定位跟踪、购买他人信息等方式都是侵犯公民隐私的非法行为，所以这个行业也极具风险，只要越线就会有面临刑罚的可能。

尽管有高昂的利润和广阔的市场，但“调查机构”之间恶性竞争、欺诈顾客的情况经常发生。而国家监管机制的不完善，使得这个充满诱惑的行业很难向良性、合法的方向发展。尽管如此，私家侦探们一直信奉这样一句话：“这个世界有明就会有暗，有人走在暗处就一定有人躲在更暗处看着他。”

北京的一家茶楼里，翁语招呼服务生再拿点纸巾。她和委托人已经在这里坐了一下午，委托人一直在哭诉自己丈夫的种种“恶行”。但翁语没太多精力去安慰，她要做的，是从和委托人的聊天中找到尽可能多的细节，以便发现证据。这是她能为委托人提供的最大帮助。

从茶楼出来时已经华灯初上，翁语走在回办公室的路上。每到这时她总会感到空气中弥漫的孤独。人到中年的翁语至今单身，见过无数婚姻破裂后，她不敢踏入这座“坟墓”。

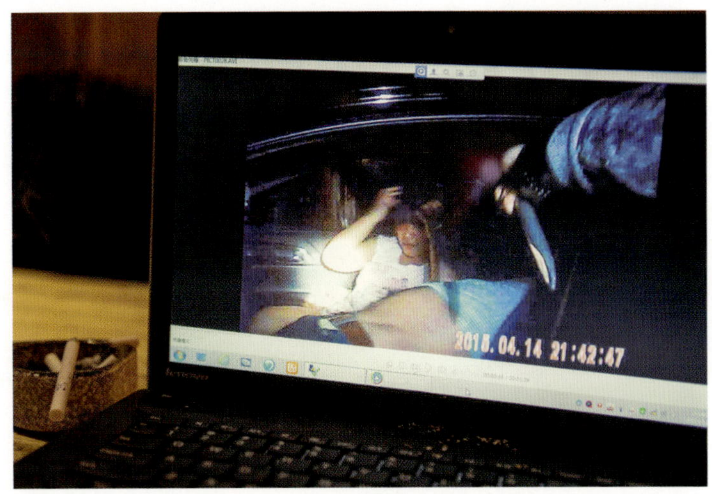

1 | 2

1. 翁语是一个“民事调查”团队的负责人。她曾经做过私人侦探，如今退居二线，现在主要负责与委托人沟通，再给下属调查员分配任务。翁语的客户多为30~40岁的女性，职业从家庭主妇到大学教授都有，且大部分家庭都达到中产阶层收入，她们都是来要求调查自己丈夫是否不忠的。

2. 翁语电脑里有上百份“捉奸”视频，但为了保护自己和当事人，她会定期销毁。翁语说她见过的“捉奸”场面比电影上的都多，五花八门。

1 | 2/3

1. 调查需要很多专业工具，阿风是其中的行家。“调查员”的手表和汽车钥匙都是小型的拍摄工具。这些工具法律上禁止买卖，但他们自有渠道。至于偷拍到的影像证据，阿风说一般只会给委托人看，在法律上这是可以作为有效证据使用的。

2. 阿风是翁语团队中的一名“调查员”。原本从事造型设计的他厌倦了每日的工作，在一次和朋友聊天中偶然知道了“调查员”这个职业，据说上班自由且收入可观，于是在朋友的介绍下开始从事这份工作。

3. 调查中，阿风的主要工作是跟踪。他的老本行成为撒手锏，伪装是他的强项。阿风的工具箱里常年备着剪刀和吹风机。婚外情调查有时需要两人配合，长期跟踪才能发现“证据”，与被调查人撞面或对视是调查的一大忌讳。阿风的搭档小月（右）刚刚被人打了个照面，他紧急帮她改变造型。

SHI ANTONG DIANQI YOUXIAN GONGSI

1 | 2/3

1. 几年前，小月是南方小城里的一名普通大学生，毕业后找了份不痛不痒的工作，两点一线，按部就班。机缘巧合，小月也加入了翁语的团队，外表普通的学生模样是她最好的伪装，在路上与她擦肩而过，你都不会多看她一眼。

2. 剥去刺激和高薪的外衣，“调查员”背后付出的艰辛也超乎想象。从入行起，就要接受严格培训，由老调查员考核合格才能出师。独立调查更是困难重重。小月记得自己曾接过一单，每天在调查目标家门口连续蹲守15个小时，整整半个月，却连目标的影子都没见到。

3. 小月在跟踪对象时有自己的一套方法。比如在被调查者的门上夹一张卡片或粘上一根发丝，如果有人出门，卡片或发丝就会掉落。因为职业原因，她充分体会到同龄人根本无法想象的人情冷暖。她说，对于自己未来的另一半，唯一的要求就是坦诚：“可以接受另一半不爱我，但不能接受欺骗。”

STRUCT ING
下禁放物品
CKEY
MOUSE

1 | 2/3

1. 丁哥（中）是小月和阿风的师父。比起徒弟的全情投入，丁哥要理智得多。8年的军旅生涯让他有着丰富的侦查和反侦查能力。

2. 自由的代价就是毫无规律的作息和生活。丁哥说，调查员的生活节奏都要依据调查对象的作息而定。当不知道调查对象是否在家时，丁哥只能凌晨五六点就在楼下等着，有时一等就是一整天，也不敢打盹儿，风吹雨淋都得扛着。

3. 跟往常一样，丁哥接的这一单是翁语分配的。他断断续续跟了这个人大半年，好不容易找到他，但一不注意又跟丢了。丁哥只好在他家楼下的宾馆租了间屋子，打算晚上再去看屋子里灯是否亮着。“如果由于疏忽跟丢了目标，那感觉就像是丢了孩子一样，整个人都会变得抑郁。”丁哥说。

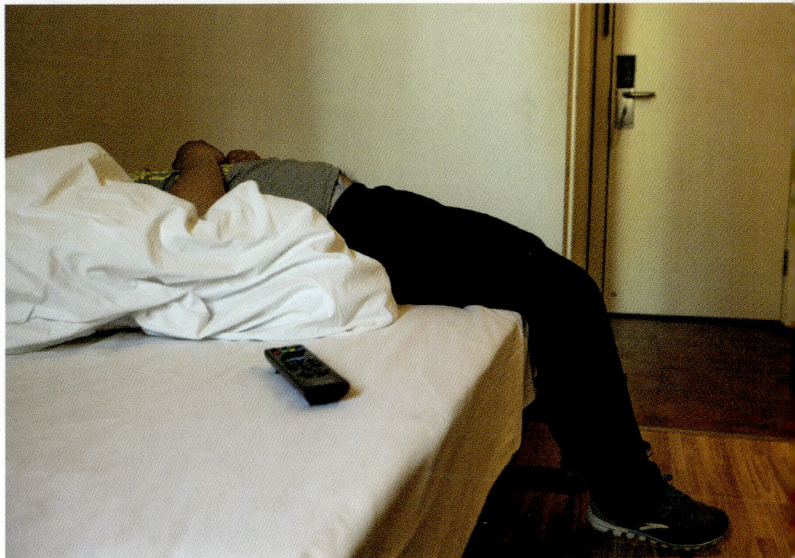

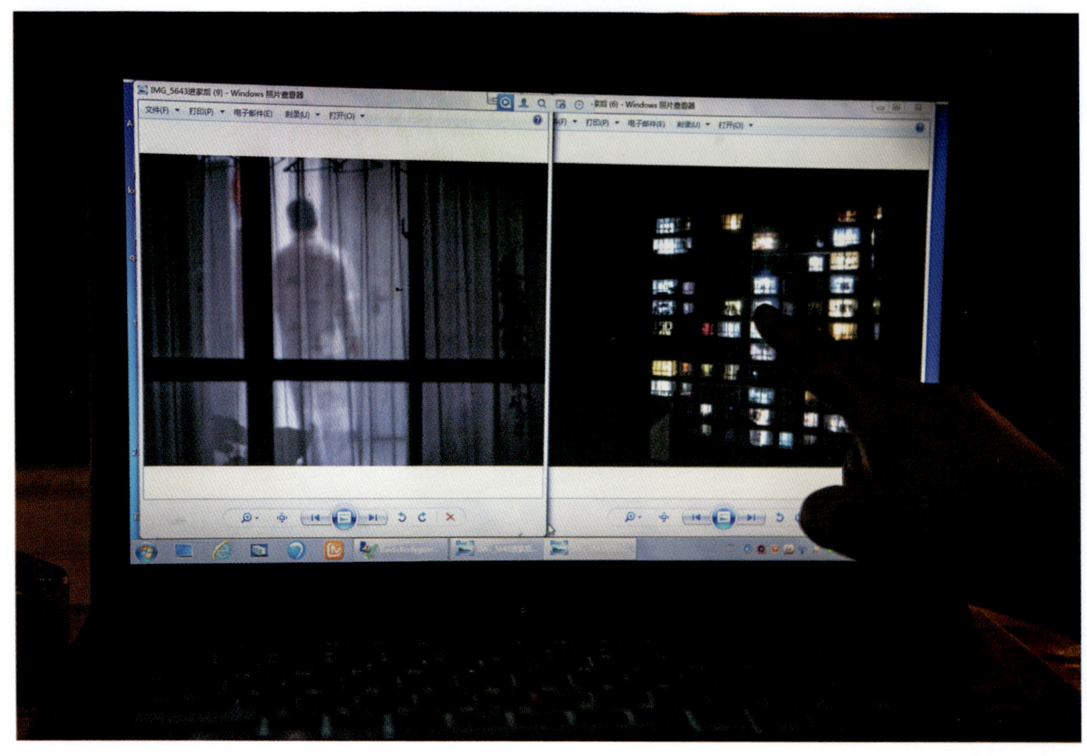

调查出了结果后，小月拿着“证据”给翁语看。为了避免欺诈，委托人和调查员不会有直接接触，而案子的整体进展由翁语把握，并提供相应帮助。有了明确证据后，再由翁语联系委托人和“帮手”，然后由委托人带着“帮手”上门“捉奸”。

跟踪取证结束后，就到了大刘上场的时候了。他是团队里专业的捉奸“帮手”，每次现场捉奸，都会有不菲的收入。在现场“取证”环节，调查员也有自己的规矩，就是绝不先于委托人进入房间。在法律上，只允许委托人先进门。提起工作，大刘十分骄傲：“就没有我捉不到的奸！”

凌晨3点，一阵急促的敲门声划破黑夜的寂静，被调查者昏头昏脑地打开门，委托人一下就冲了进去，还在梦中的被调查者随后被两个壮汉拉倒。紧接着就是无休止的喊骂、控诉与争执的声音，在夜空下的楼宇间回荡。

结束工作后，翁语带着阿风、小月一起去消夜，庆祝这场对于他们而言来之不易的胜利。夜色更深了，这是黎明前的最后一抹黑暗。他们拖着疲累而又轻松的身体，渐渐消失在城市中。在这看似平静的黑夜里，不知还有多少闹剧在上演。

流美孤儿

美国人收养中国孤儿，有人说被收养的孩子是幸运的，美国家长却说他们才是幸运的；而对于这些孩子们而言，被遗弃的身世、不同的肤色和身体的病患，却给他们的生活和心灵带去了种种不同的困扰……

摄影师 / 韩萌

天津人，现居北京，澎湃新闻英文部“第六声”（Sixth Tone）多媒体记者，前《新京报》资深摄影记者。2014年3月—2015年9月，获美国国务院富布赖特 / 胡伯特·汉弗莱奖学金（Fulbright/Hubert.H. Humphrey Fellowship），并就读于美国马里兰大学新闻学院。

来自美国国务院的海外收养数据显示，2014年，美国海外收养儿童数量从2004年的23000下降至6441。其中，从中国收养的儿童数量从7044下降到2040。对一个希望收养中国健康孩子的美国家庭来说，2007年以前，从申请收养到把孩子接到美国，需要一年至一年半的时间，现在则至少需要7～8年。即便如此，中国仍是美国海外收养儿童的最大输出国。1991年，中国开始允许美国公民收养中国儿童。1991—2014年，美国收养的中国孩子数量是73672。7万多个在中国出生的儿童，22年间在美国家庭中慢慢长大。

人生的前两章是空白的

被收养的孩子，大都对他们来美国之前的那段故事充满好奇和疑问。大多数美国的养父母愿意解释所有的问题，但是，对于这段生命最开始的记录，对于他们来说，是最难解释的，因为，很多孩子那段生命的记录是一片空白。

“我为什么会在这里，不在中国？中国有没有我的兄弟姐妹？为什么我被收养了？我到底在哪里出生的？我的爸爸到底是什么样子？我为什么会有个大鼻子爸爸？”丽莉从9岁起开始不停地问这些问题。

2002年，美国夫妇布鲁斯和爱丽丝在广东省高州市福利院收养了丽莉。当时，1岁大的丽莉姓“潘”。孤儿院提供的资料上，丽莉出生于2001年1月18日。布鲁斯和爱丽丝每年都会给她过生日。

“丽莉小时候很喜欢过生日，每年1月她会很开心，过完生日可以过中国春节，还可以收到很多生日礼物。但是，我会觉得有点难过，我不知道这是不是她的真正的生日，她的亲生母亲也许也会在她真正的生日那天想念她。”爱丽丝说。

“我们从不跟她提，她是被妈妈抛弃的，会伤害到她。”布鲁斯和爱丽丝是宾夕法尼亚州一所大学的老师，他们竭尽所能向丽莉解释她的问题。有关她出生后的问题是最难回答的。“这听上去很伤感，如果我们把被收养孩子的生命比作一本书，他们的前两章是空白的。”

难以确定的身份

布鲁斯和爱丽丝搬过三次家。丽莉以前的班里只有一个亚洲同学，这让丽莉很郁闷。为了找到更适合丽莉的学校，他们从以白人为主的宾夕法尼亚州搬到了华盛顿特区附近。

丽莉第一次到纽约，便爱上了“法拉盛”。这是美国东北部除了曼哈顿的唐人街外最大的华人聚集社区。去年暑假，一家三口开车5个小时到纽约法拉盛吃火锅，丽莉找到了她爱吃的麻团。在法拉盛主街的老式新华书店， 她逛了一下午，把每个小的中国装饰品、挂件，都用手摸了一遍。

“我和爸爸妈妈不一样，他们一直都是美国人，我不是。我的生命从中国开始，我感觉自己有很多和中国相连，虽然在美国长大，我现在更像美国人，但我觉得我是Chinese and American。”丽莉说。

到底更像中国人？更像美国人？很多被收养的孩子在12岁前后开始都会有很多疑问。“他们要经过一段时间来确定自己属于哪里，这并不像把东西放进盒子里那么简单，这个盒子是中国，那个盒子是美国。他们需要自己重新定义自己，也许，他们在两者之间。”布鲁斯说。

21岁的汉娜，在中国出生几天后被送进福利院，5个月后，被一对犹太夫妇收养，在纽约长大。初中前，她在犹太学校学习，是班上唯一一个亚洲面孔的“犹太人”。“你是犹太人吗？一个中国女孩可以是犹太人吗？你真的是犹太人？”汉娜因为这些问题经常哭，直至最终退学。她觉得尴尬、孤独，和周围的人不一样。后来，汉娜和另一个被收养的中国女孩在家里上学，女孩的妈妈教他们希伯来文化课。

她不太愿意被问到“你是哪里人”，有时，干脆回答“我在纽约长大的”，“我还有另一个身份，犹太人。与其问我是哪里人，还不如问我哪里我感觉更像家”。她曾到中国和东南亚国家旅行过两次。“东南亚国家更像是我的家。”两次的中国旅行，并没有让她对出生的城市有更多好感。因为不会讲中文，旅游时需要翻译。“街上经常有人打量我们，为什么一个中国女孩不会讲中文，要有翻译。”别人的眼光让她尴尬。

对世界缺少信任

白宜民对她未知的过去充满好奇。两次到中国找亲生父母时，她每天都花很多时间行走于宜良和昆明街头，寻找更多和她生命最开始相关的痕迹。

养母玛格丽特说，最好的回忆总是停留在收到收养机构寄来白宜民照片的那一刻，“她是我们一直想象的样子：黑眼睛、卷发、开朗的笑容。”21年后，这段回忆让她眼含热泪：“我们不知道她4岁半之前到底发生了什么。她很小的时候，被抛弃在街头，没有和周围的人，尤其是母亲建立起亲密的关系，缺少安全感。”“当我们在昆明福利院里见到她的那一刻，她开始哭，不想让我们抱。哭得撕心裂肺，停不下来。当时她只有4岁半，双腿的残疾还没有完全治愈。”“无论如何，我们已经在暴风雨中开始了新的生活。”

白宜民经常因为小事和家人争吵。有一次，姐姐希拉里约她到曼哈顿的一家中国人开的指甲店修指甲。白宜民大发雷霆，觉得希拉里对中国女人有偏见，“为什么带我到中国女人开的美甲店？中国女人只会开美甲店吗？”“她敏感、易怒、急躁，对这个世界缺少信任感。”爸爸说。大学毕业后，她搬了出去，租住在不远的朋友家。“我们一直试图改变这种现状，尝试在家里一起阅读，聊聊最近发生了什么，或者干脆就在屋里做你想做的。可是，所有努力都无济于事。”玛格丽特无奈，“我们只好和她保持距离。”

两个月前，她在西雅图开始了新的工作，爸爸给她留下字条，“希望在新的环境中，和同事们建立起新的信任关系，更包容些。”一个月后，白宜民被老板解雇，但她并没有告诉父母，“担心他们会对我有看法。”

并不是所有被收养的孩子都像白宜民这样，但她也不是唯一的。据美国心理学会2001年发布的收养群体的调查数据显示，被收养群体的自杀率是非收养群体的2.5倍。美国儿童和成年人心理学会期刊在2000年发布数据显示，收养群体接受过心理咨询的是非收养群体的2倍。2012年出版的公共科学图书馆发布数据显示，被收养群体比非收养群体的药物滥用率高出43%。

美国妈妈：我们才是幸运的

2012年，特雷莎和迈克在脸谱网上看到了全身烧伤近70%的萨拉的照片和求助信息，并决定收养她。“她大小腿粘在一起，不能走路。当时她只能趴在小板凳上，靠双手划着移动。”

2013年6月，在杭州的一家福利院，特雷莎和迈克第一次见到萨拉。她当时的名字是“邓悦悦”。特雷莎夫妇站在电梯间门口，萨拉坐在轮椅上被推出电梯，她静静地观察他们，穿戴着他们从美国寄给她的衣服和项链，感觉一切都是熟悉的。特雷莎从工作人员手中接过轮椅，推着萨拉到楼下办手续，萨拉叫了一声“妈妈”。她剥糖给特雷莎吃，但是始终没有喊爸爸，“可能在福利院很少有男士照顾过她。”

两天后，他们一起在酒店游泳馆游泳时，萨拉紧紧抱着迈克，喊出了“爸爸”。“她并不能游泳，但是很喜欢水。”迈克说。“她特别信任我们，温和而平静，似乎明白我们的到来是她的生命的转折点。”特雷莎一直确信，在萨拉出生后，亲生爸妈一定是很宠爱她，陪她一起玩，给她讲故事，也许是烧伤后没有能力治疗，才放弃她。“我始终觉得，她的父母一定还爱着她，惦记她。”

为了能有更多时间照顾萨拉，特雷莎辞掉工作。她每个月两次从弗吉尼亚的家中开车5个多小时到波士顿给萨拉做治疗，现在萨拉已可以正常行走。

萨拉第一次参加运动夏令营，尝试着攀岩、游泳、打球、游戏。她使劲克服腿部走路的不便，努力和别人一样，绕着网球场，一个一个地把同学们训练时打散的网球捡起来。她和同学们一起攀岩，虽然每次只能攀过三个石阶，但掉下来会继续，再掉下来，再继续。

“我们不明白为什么会有人说被收养的孩子是幸运的。其实有机会做她的妈妈，照顾她，给她治疗，我们才是幸运的。萨拉在她很小的时候经历了一场烧伤，被父母扔在街头，带着全身的伤，不能走路，她身上的伤疤在慢慢好转，但是，心理的伤疤不知会留下多久。”

1/2 | 3

1. 萨曼莎大约生于2005年5月，被鲍尔夫妇从长沙市儿童福利院收养。“等福利院阿姨抱出孩子的十几分钟是最紧张的。”美国妈妈林恩说，这一刻他们等了11个月。第一天晚上去给萨曼莎买睡衣，都不知道该买多大的。“那真是手忙脚乱的一段时间。”

2. 2015年7月，美国新泽西州一个安静的小镇，一座两层别墅隐藏在树林中，这是萨曼莎现在的家。长大后，她有一个单独的房间，美国爸爸把整个房间涂成她最喜欢的绿色。房间里摆满了玩具，有两只熊猫，还有一只比她还高的长颈鹿毛绒玩具。

3. 萨曼莎是家里唯一的女儿。美国妈妈林恩说：“从8岁起，她就经常问有关亲生父母的问题。”林恩把萨曼莎来美国之前的所有资料保存在一个夹子里，和家里其他的重要文件放在一起。“如果有一天，她想回中国找亲生父母，我们会全力帮助她。”

1/2 | 3

1. 阿莉莎生于2007年，2010年被谢丽尔（右一）从江西省抚州市福利院收养。“第一次见到她时，她比照片看上去小很多，说话有很多当地口音。”谢丽尔说，“第一个晚上，她一直不肯脱掉我给她带的睡衣。”谢丽尔是在美国的第二代中国移民，单身妈妈。

2. 2014年11月8日，美国马里兰州，7岁的阿莉莎在农场里喂马。在美国，谢丽尔和几个朋友一起租了一片农场，轮流去照顾喂养。谢丽尔说，为了培养阿莉莎更多的责任感，每到周末，她都会带着阿莉莎花半天到一天的时间喂马，打扫马圈。

3. 2014年11月26日，美国宾夕法尼亚州，阿莉莎和谢丽尔过感恩节。谢丽尔收养阿莉莎时已近50岁了，她在华盛顿特区做教师，专门负责帮助有特殊需要的孩子。“我的工作一直是帮助那些残疾孩子，所以一直希望能在中国福利院收养一个需要家的孩子，亲自照顾她。”谢丽尔说。

鲁木齐市儿童福利
URUMQI WEIFARE INSTITUTION FOR CHILD
Gabi spent her first year here.
Gabi's favorite position!
Gabi ↑

1/2 | 3

1. 咖芘生于1999年9月，2001年11月被埃斯待普夫妇从新疆乌鲁木齐儿童福利院收养。美国妈妈茜茜说，在美国的机场等到他们父女时，自己想抱咖芘，咖芘害怕得抓着爸爸马蒂不放。半个月后，咖芘第一次喊出了“妈妈”。

2. 2015年3月9日，美国弗吉尼亚州，咖芘在自己的房间里弹吉他。她喜欢唱歌、长跑，喜欢大自然。暑假期间，咖芘在离家不远的一个小镇上的中餐馆打工。她说在餐馆里工作感觉很舒服，不仅因为可以赚些学费，更因为那是她家附近的唯一一个中餐馆，一起工作的都是中国人。

3. 咖芘来之前，埃斯待普夫妇已经收养了一对韩国的双胞胎姐妹。妈妈说，咖芘刚来时，她抱着咖芘睡，丈夫马蒂睡在客厅的沙发。但是咖芘精力旺盛，三四点就醒了，跑到楼下和爸爸玩，早晨起来，头发都是蓬蓬的，两个姐姐经常开玩笑说：“哇，一只可爱的小怪物。”

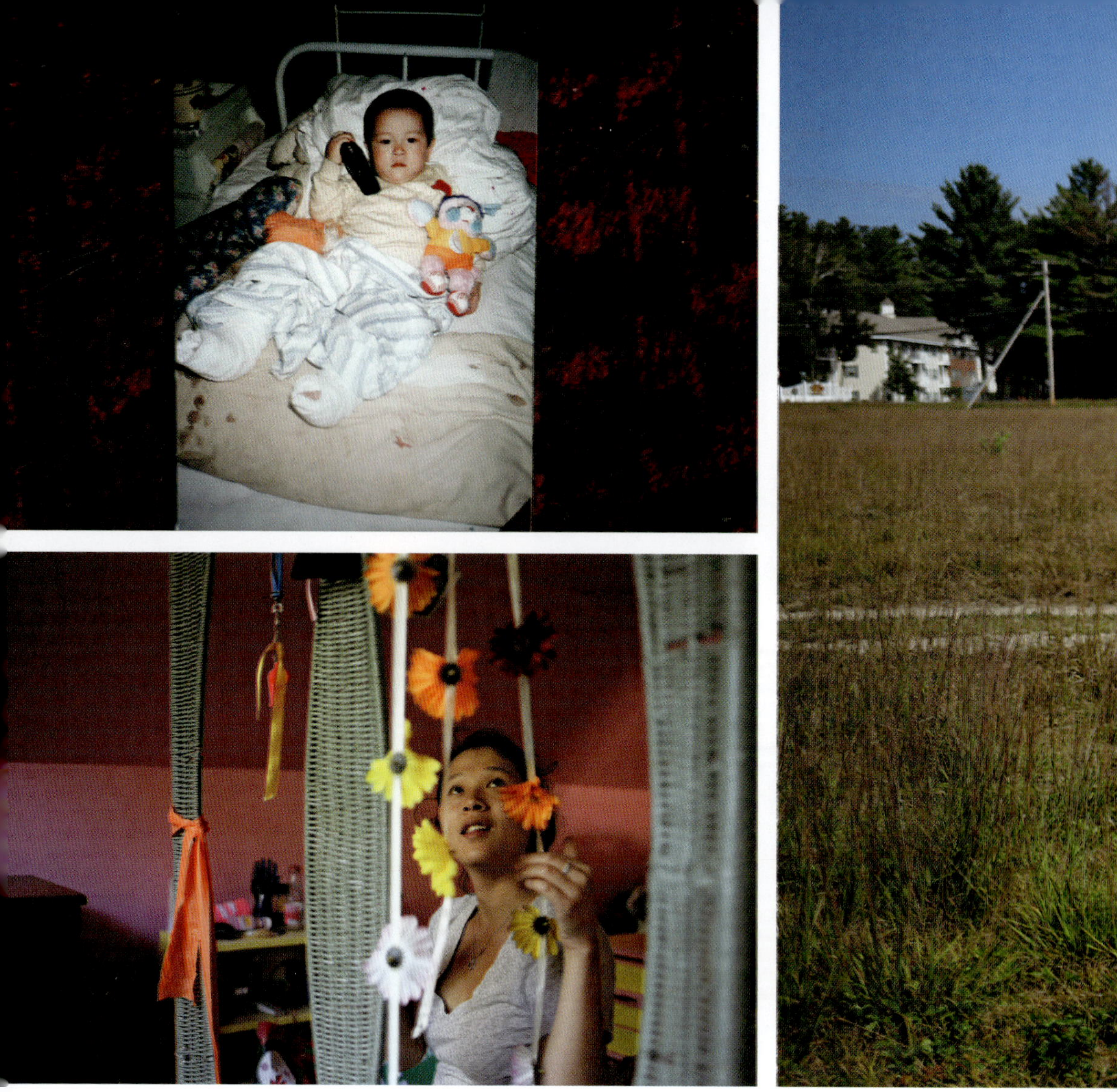

1/2 | 3

1. 白宜民出生于1990年2月4日，1994年11月被韦尔登夫妇从昆明市儿童福利院收养。白宜民天生双脚内翻残疾，1990年3月21日，她被遗弃在云南宜良或昆明街头，随后，她被转进福利院。

2. 2015年8月，美国新罕布什尔州。白宜民回家整理东西，她已经有一年多没有住在这里，屋子里被很多杂物占满，没有可以休息的地方，她的收养证明始终放在房间最高的地方。 大学毕业后，因为和父母的关系紧张，白宜民搬出父母住处，租住在朋友的家里。

3. 2015年8月，白宜民和男朋友约翰散步。他们无话不谈，关系亲密，白宜民把约翰看作在美国最亲密的人。白宜民自从13岁起，常常和父母吵架。父母觉得，她对世界缺少信任，可能和4岁前在孤儿院的经历有关。白宜民的父亲很看好约翰，希望这段关系能让白宜民有所转变。

市社会福利院

St-Woods
Do not lean on door

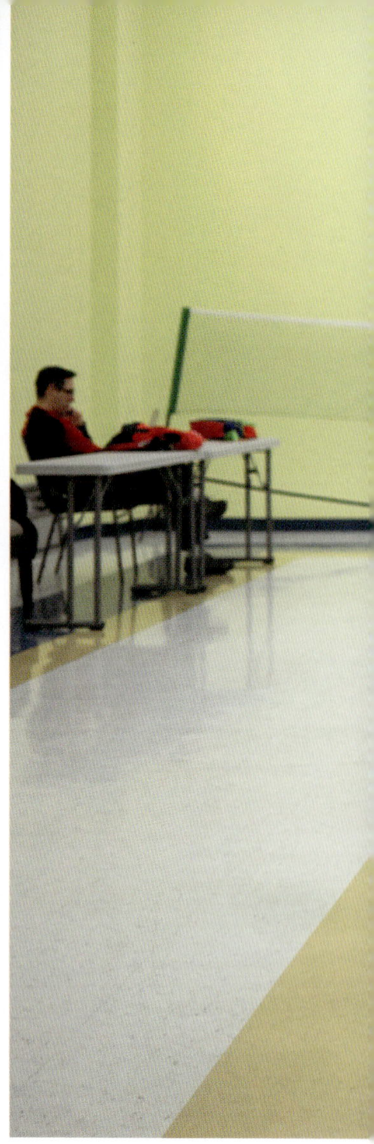

1/2 | 3

1. 第一次见到丽莉时，美国妈妈爱丽丝既兴奋又紧张：“她从来没见过大鼻子的白人，会不会把我们当怪物？福利院阿姨会不会因为我们把她带走而难过？”

2. 2015年7月4日，布鲁斯一家到纽约的法拉盛吃正宗的中国火锅。地铁上，丽莉不停地观察。法拉盛是美国东部除了曼哈顿唐人街外最大的华人聚集区。她在这里找到了曾经在北京最喜欢的小吃：油条、麻团、粽子，在广东喝的珍珠奶茶。这里的一切让丽莉感到好奇又亲切 。

3. 2015年9月6日，美国华盛顿特区，上完中文课后，丽莉要上中国舞蹈课，班里大部分都是不会说中文的被收养的中国孩子。为了能找到让丽莉感觉更舒服的学校，布鲁斯一家三次搬家，从宾夕法尼亚州搬到了华盛顿特区附近。在新的学校里，有更多的亚洲人，教学质量也比之前的好。

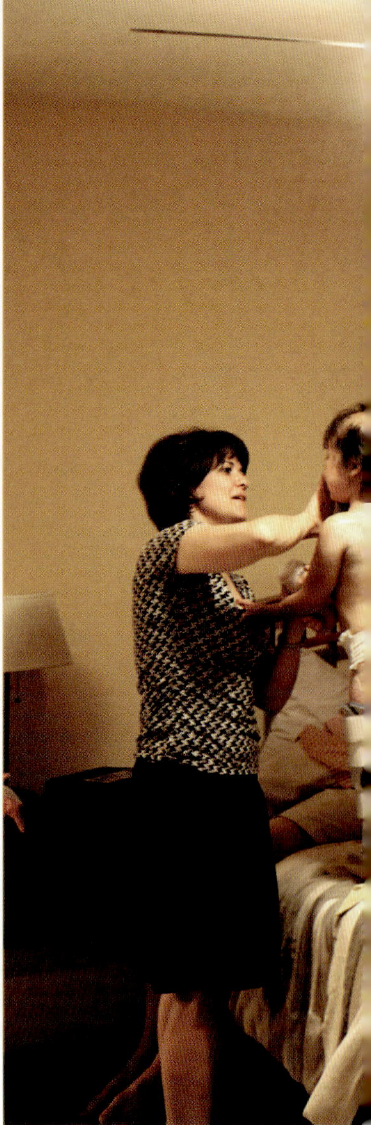

1/2 | 3

1. 邓悦悦生于2010年6月，2012年3月被遗弃在杭州市儿童福利院门口。

2. 2015年7月31日，美国弗吉尼亚州，邓悦悦在教练的指导下学习游泳。

3. 每晚睡前，特雷莎和丈夫迈克都会给邓悦悦处理伤口。

Down East Family

1/2 | 3

1. 喜进生日不明，2004年3月被苏珊从安徽省肥西县社会福利院收养。“她是哭声最大的那个孩子，哭得满脸通红。我们很担心是不是能照顾好她。过了一会儿，她开始和我们玩球，一直看着我们，似乎很好奇，我们的担心很快就消失了。”美国妈妈苏珊说。

2. 2015年6月，美国纽约州，苏珊和喜进说起一周后要去的中文夏令营。喜进特别喜欢参加各种夏令营，不仅可以交到新朋友，还可以学到很多课堂上学不到的内容。和其他夏令营比起来，喜进觉得中文夏令营有点无聊。“因为老师经常留很多作业。”喜进说。

3. 喜进兴奋地奔向大海。“有人说被收养的孩子是幸运的。其实，我们才是幸运的，有机会做她的妈妈，照顾她。”一位美国妈妈说，“但他们到底是中国人还是美国人？很多被收养的孩子都面临这个问题。”

改革开放以来，市场化、工业化的暴风席卷了中国的各个角落。传统的习俗和生活方式受到了严峻的挑战。文化的“根”何处依存，民族的“魂”何处安放，是中国当下不得不面对的难题。

变迁

我的心情草原

毛家工业园

乡村娱乐

我的心情草原

锡盟西乌旗的草原上秋高气爽。两棵生长在草场高处的杨树，被这一家牧民亲切地称为“爱情树”。儿女绕膝，羊肥马壮，岁月静好，草原上的生活曾经就是那么简单。而现在，“天苍苍，野茫茫，风吹草低见牛羊”的景象已成为传说。当“马背上的文明”遭遇现代化文明，牧民的物质生活骤然改观，曾经的精神家园却再也回不去了，剩下的只有淡淡的乡愁。

摄影师 / 王争平
内蒙古人，1987年毕业于鲁迅美术学院摄影系，现任包头市东河区文化馆副研究员。曾获2014年中国平遥国际摄影节“评审委员会大奖”，2012年色影无忌中国十佳新锐摄影师，第八届中国摄影金像奖。

工业时代下的畜牧文明该何去何从

我出生在内蒙古包头市。儿时的记忆中，草原上总是“风吹草低见牛羊” 的原始模样。那时候的路，都是马和羊踩出来的，基本没有人工修筑的公路。

第一次拍摄草原是在我读高中的时候。1984年1月，我怀揣着200元 “巨款”，先从包头来到呼和浩特，又从呼和浩特乘坐开往海拉尔的草原列车，深入了草原腹地。为了省钱，我买了一张硬座火车票，两天两夜的车程，我就睡在座位下面的地板上。为了攒钱买胶卷，我还在草原上卖过故事片录像给牧民。

1986年，我考进了鲁迅美术学院摄影系，开始正式学习摄影。整个大学时代里，我一次次走进内蒙古草原，去拍摄那里的人文和民俗。

从第一次到现在，我已经拍摄了30多年的草原。《我的心情草原》这个专题，是从2006年前后开始拍摄的。作为一个出生在草原的人，我骨子里有着对草原根深蒂固的感情，也正因此，我一直在坚持记录草原的民俗和文化。大约自2010年起，内蒙古草原开始了大规模的开发，生态环境遭到严重破坏，我的拍摄想法也发生了变化，由单纯的记录转变为主观的表达。

30多年来，草原的环境发生了很大的变化，沙化现象日益加剧。有数据显示， 20世纪60年代的内蒙古曾有草原12.3亿亩（一亩＝666.67平方米），80年代是11.8亿亩，到现在可利用的牧场只剩下5.8亿亩。东部的呼伦贝尔草原和锡林郭勒草原每年正以140多万亩的速度沙化。

从草原文化的角度来看，虽然蒙古人依然热爱他们的草原和家乡，但随着电视和网络的普及，城市文化正潜移默化地影响着他们。现在，除了重大节日和专门表演，已经很少有蒙古族人穿戴传统服饰了。

受制于交通和经济模式的制约，很多资源无法在草原上流通。过去的牧民很难依靠草原挣到钱，草原上的物质生活也比较匮乏，但他们仍然享受着草原带来的快乐和自由。

现在，很多牧民都非常富有，家里养着上千只羊，每只羊都价值千元上下，地道的蒙古族牧民也早已不再自己放羊了，雇汉族人做羊倌。他们住在距离牧场30～50公里的集中住宅区，草原上的蒙古包则成了羊倌们的住所。除了放牧，现在牧民们还学会了通过经营来增加收入，比如开办生态酒家之类的旅游相关业务。

从过去到现在，内蒙古的游牧民族对于草原的爱是根深蒂固的。草原畜牧文化是蒙古民族传统文化的核心，可现在很多牧民自己都不放羊了，那么何谈精神传承呢?

草原在变，我也在变，但我对草原的情感不会变。我与草原结下了难解的缘分，在这里我深刻感受到了游牧民族的文化，和他们对草原深厚的感情。就算我到了70岁还会一直拍下去。

1 | 3
2 | 4

1. 2007年12月，锡盟东乌旗的大草原上雪虐风饕，一位牧民扛着钉耙，顶着风雪寻找牛粪。牛粪作为燃料在草原上已有千年历史，牧区牧民至今仍视其为烧茶做饭的最佳燃料，以及冬季取暖的必备资源。

2. 2009年4月，为了参加那达慕大会，两位牧民牵着骆驼行走在干旱的鄂尔多斯西部草原上。因为过度垦荒，这一片草原的植被退化严重，在气候干燥的春季很容易出现沙尘天气。

3. S308省道通往锡林郭勒盟草原的深处， 这条路承载起草原的经济发展，也加速了现代文明的入侵。与1949年相比，1999年锡盟牧区的人口增加了3倍，牲畜数量增加了10倍，每头牲畜的平均草场占有面积由大约170亩降至14.6亩。

4. 锡盟西乌旗的一对年轻夫妇骑着摩托，带着马头琴，牵着马儿去参加一场小型的那达慕。蒙古人的出行方式早已不再仅仅是骑马，但永远无法与马分开。

从包头到鄂尔多斯需要经过黄河大桥。在包头市内，许多新一代的蒙古族人已经适应了城镇的生活方式。放牧之余的闲暇时光，他们很喜欢在黄河边上小聚。

1 | 3
2 | 4

1. 响沙湾沙高110米，宽400米，其上没有任何的植被覆盖，沙子干燥时，游客登上丘顶往下滑，沙丘会发出"嗡嗡"声。从2009年开始，各地的游人慕名而来。旅游带动了经济，但对环境的破坏不可小觑。

2. 2010年12月，下着大雪，我行驶在锡盟草原的公路上，每隔60～70公里，就能看见牧民自己竖在路边的生态酒家广告牌。

3. 2011年，来响沙湾旅游的游客数量开始减少。团队旅游被控制，为吸引游客而建造的沙漠人造景观也不再有吸引力。

4. 2011年，我在库布齐沙漠用气球航拍草场边缘的沙漠。牧民开着卡车，带着游客从这里经过。卡车的实用性很强，有钱之后的牧民都爱买一辆。

2012年6月，达茂联合旗，游牧一生的老张在自家牧场的土夯房顶用望远镜放牧。他是走西口过来的汉人，因为听说放牧好挣钱，便开始替人做羊倌。现在，他有了自己的牧场，不仅养了500多只羊，还把自家开发成了旅游点。两个孩子目前在外打工，老张还没考虑要不要他们回来接班。

2011年7月，锡盟乌拉盖草原的夏日清晨，早起的牧民在草原上散步，晨雾随着时间逐渐消散，留下了清新的味道。

2011年10月，一只羊在内蒙古巴盟湿地的水泊子边眺望。远处隐约可见老城镇的影子。在这里，城市化的脚步显得缓慢而又坚定。

1 | 3 | 5 | 7
2 | 4 | 6 | 8

1. 2012年，在鄂尔多斯草原上，一辆货车装运着成吉思汗雕塑开往成吉思汗陵。位于鄂尔多斯市伊金霍洛旗的成吉思汗陵，占地约5.5亩，是一座经过多次迁移的衣冠冢，直到1954年才由湟中县的塔尔寺迁回故地伊金霍洛旗。

2. 2012年，位于二连浩特市铁路车站内的内蒙古海关，一群手持蒙古护照的人在办手续，边防武警正在维持秩序。这些人多是卡车司机，来到中国境内采购物资。

3. 四子王旗，一家牧民在吃午饭。他们已经在这里定居很久，但依旧维持着放牧的生活。孙辈们在城里上学，早已适应了现代化的城镇生活节奏。

4. 2012的冬天，锡盟西乌旗的一个蒙古包里，牧民们正在等待即将出锅的手抓肉。现在，牧民们只有在冬天和节日里才会穿着这些具有蒙古族特色的传统服装。

5. 一名年轻的马倌在希拉穆仁草原上牧马。他是牧民的后代， 20岁左右的新蒙古人，平时酷爱参加赛马比赛，获得过不少奖金，也赢得了些知名度，接待游客是他的日常工作之一。

6. 祭敖包，是蒙古族传统的祭祀活动。牧民围绕着敖包，顺时针转三圈，祈求风调雨顺，四季平安，人旺年丰。在响沙湾景区内，一个蒙古人正在表演祭敖包，这是景区安排的表演项目，供游客拍照。

7. 牧马人拿着套马杆，赶着马儿去饮水。经济条件允许的牧民会买两辆车，卡车用来拉水拉货，轿车供自己出行。

8. 锡盟东乌旗，一条高架铁路贯穿牧民家的牧场，这是一条运煤的专线铁路。据专家介绍，位于呼伦贝尔草原腹地的伊敏河露天煤矿，仅规划开采的第一、第二露天矿，占地就达4.95万亩，会导致每年的鲜草产量减少近万吨。

1 | 2

1. 百灵鸟是草原蝗虫最大的天敌。锡林郭勒盟是重要的百灵鸟繁殖栖息地，同时也是非法狩猎、收购、贩卖百灵鸟的重灾区。当地百灵鸟的种群数量曾经很丰富，但鸟贩子在繁殖季节的大肆收购，以及草原的过度开发，都影响到了百灵鸟种群的维持。

2. 2013年8月，下午5点的阳光穿过云层，照亮了多伦淖尔境内一条九曲十八弯的河。这里的水资源比较丰富，土地面积仅占锡林郭勒盟的1.9%，而地表水流量却占了将近全盟的一半。草原脆弱的生态环境极易遭到破坏，要想恢复至少需要30年时间，而原始生态系统、植被种群多样性的恢复则几乎不可能实现。

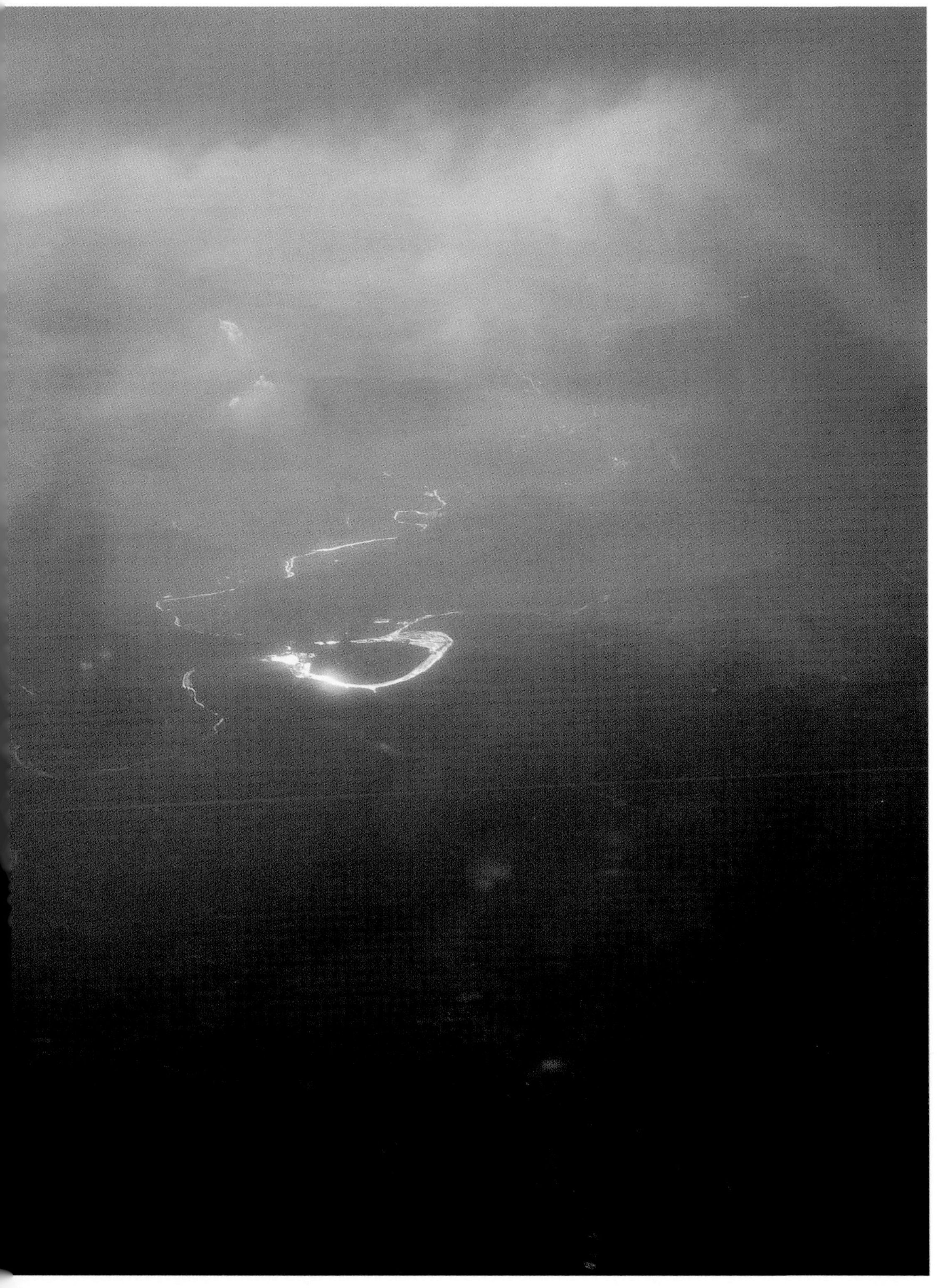

毛家工业园

位于济南市郊的毛家庄，人口不足500人。迎亲车队驶向毛家庄，带头的悍马车小心地穿过水泥路障。这些路障是为了阻止大型卡车驶入保护村路而建。如今，村里的年轻人已不会种地，大家现在经常讨论的话题是房屋租金和原材料价格。近百所家具厂拔地而起，村民们更愿意称这儿为“毛家工业园”。

摄影师 / 宁舟浩

艺术硕士，纪实摄影师。1975年出生于山东肥城，祖籍湖南省隆回县，现居山东济南。作品有《我们的民工兄弟》、《一个人的城市》、《京剧的守望者》、《单位》、《毛家工业园》等，曾获中国国际新闻摄影比赛铜奖、“徐肖冰杯”全国摄影大展典藏作品奖，图虫网“今镜头”十佳摄影师，并著有《京剧守望者》一书。

毛家庄摇身一变成了毛家工业园

2010年秋天，一位朋友请我帮他为新租赁的荒地拍照存档，那是我第一次来到毛家庄村。这里是农村在城市扩张背景下逐步实现城镇化的典型代表。

毛家庄村距离济南市区很近，只有15公里。虽然保留着耕地和农业人口，但务农的人却很少。他们没有大规模地进城务工，而是靠着作坊式的工业生产发了家、致了富。毛家庄村民凭着自己的买卖开阔了眼界，“住楼房、开轿车、有存款、去旅行”的生活目标早已实现，他们现在的目标是活得更好、更带劲儿。

1986年年底农闲时节，外号“山牛”的巩万荣和孙传志等村民来到济南段店，在一家上海人开办的木器厂里做小工。学会了制作组合柜的技术后，巩万荣回家和老乡合作成立了毛家庄的第一个家具作坊，生产城里畅销的组合柜。那时做一个组合柜的利润能达到二三百元，一年下来净赚六七千元的收益让这位守着土地穷困了半辈子的农村木匠大为震惊。

1988年，瞄准了周围城市的快速发展和旺盛的市场需求，巩万荣等人带动十几户村民开起了家具厂。不久，巩万荣的工厂就生产出了黄河以北的第一批俗称“白台子”的电脑桌。2001年春天，巩在亮任村党委书记，开始面向社会吸引工厂入驻，开展规模化经营。全村的大小家具作坊、工厂总数迅速发展到了几十家，家具生意辐射方圆几百里，村民们终于摆脱了人均1.3亩贫瘠耕地的束缚。一个曾经勉强解决温饱的村庄，逐渐变成了全镇最富裕的地方。到2013年底，全村已经有大小家具工厂、作坊约100家，其中半数为外来人员开办的工厂，毛家庄成了大桥镇闻名的“毛家工业园”。

现代农业不需要太多的人手，老人和妇女足够应付这些农活儿。随着良种、农药、化肥、机井和农业机械的广泛应用，每个家庭每年在农田工作不到10天就可以获得不错的收成。和家具生产带来的效益相比，一亩土地每年两千元的毛收入，还不及工厂里一个小工的月工资。

如今在毛家庄，农业收入的占比已经非常小，是否有工厂，有几间厂房向外出租，成了衡量家庭财富的直接标准。

成本上涨、低价竞争和投资外流令村子的前景堪忧

由于缺少整体规划，毛家庄是典型的“穷庙富和尚”。村民的个人财富在全镇名列前茅，但是村里却经济困难，竟然是在区里挂号需要被帮扶的“困难村”。除此以外，毛家庄还有很多难以解决的问题。

譬如难以进行统一规划的问题。为了提高工厂产能，村民们纷纷选择拆除老平房，在住宅和道路周围见缝插针地建满了两三层的简易厂房和工人宿舍。依靠厂房的租金，村民可以获得不菲的收入。然而这种私搭乱建却造成了道路等基础设施的缺乏，大规模企业不愿在此投资，厂房只能出租给中小企业。

村里年轻人去城市打工的很少，比例不足10%，只有少数接受过高等教育的才会到城里工作。当年第一批进城打工的人，回村后开作坊创下了家业，年老后把家业交到子女的手中。但这些80后大多只有初中文凭，他们既是老板，也是工人、司机和装卸工，和父辈管理作坊的方法几乎相同，只是单纯地扩大了规模，产品质量和生产方式并没有根本的转变。人工、材料成本的不断上涨和低档家具价格的不断下跌，让工厂的利润越来越薄，一些小作坊甚至濒临倒闭。

2014年年底开始，拥有更好的生产环境和租金低廉的村子吸引着外地工厂陆续搬离毛家庄。新一代老板们面临的是全村产品同质化的现实和更严酷的市场竞争。

招聘
屏封师傅 1名
异形台师傅 1名
学徒数名
15688885189

福

1/2 | 3

1. 2014年春节过后，毛家庄里的工厂纷纷挂出了招聘工人的告示。回望1986年，在孙传志等人从上海人的木器厂“偷师”回村办厂之前，对毛家庄村民来说，如何填饱肚子是一项“重要任务”。如今，全村100多家工厂的日产值接近15万元，当年勉强温饱的村庄摇身一变成了全镇最富裕的地方。

2. 随着良种、农药、化肥、机井和各种农业机械的广泛应用，每个家庭每年花在农田里的时间不到10天，一亩土地耕种一年的毛收入，还不及村工厂里一个小工的月工资。

3. 村子西头的张家把院子租给了来自江西的一位老板，用以生产板式家具。贴着福字的大门和照壁是按当地早期农舍标准设计的，照壁上也会与时俱进地呈现新内容。如今这样的院子几乎都被二层小楼代替。

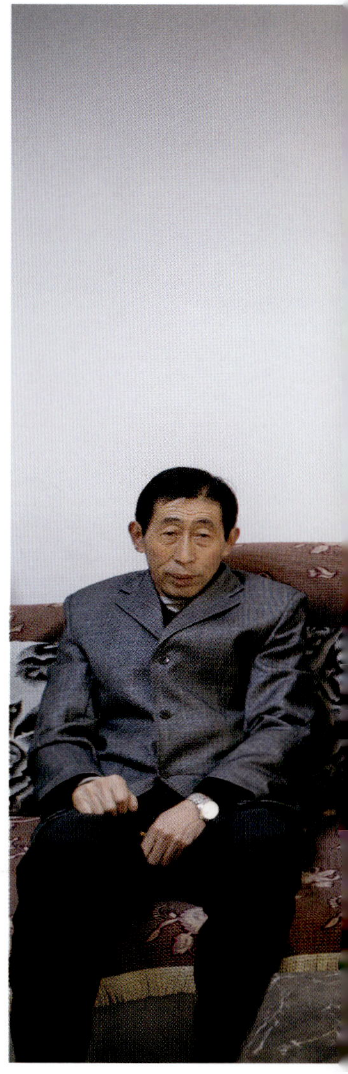

1/2 | 3

1. 2014年底，毛家庄全村已有大小家具工厂、作坊100多家，其中半数由外来人员开办。来自江西宜春的曾初龙和几个老乡一起，长期住在毛家庄村里开厂子。他们的孩子只能在暑假从老家来到毛家庄村，与父母团聚。

2. 毛家庄的村民们相信，春节期间的舞龙能保佑全村平安，并带来财富。腊月里，为了躲避寒风，村民们在村内一处尚未启用的厂房内排练舞龙。年后，这间厂房就顺利出租给了来自重庆的一个做软床生意的老板。

3. 几位年长的村民应孙家柱之邀，来他家观看村里的第一台3D电视。为了筹办妹妹的婚礼，孙家柱买了这台3D电视机。乐于接受新鲜事物的他，给家里客厅屋顶用上了有机玻璃，光线好还省电。

1	3	5	7
2	4	6	8

1. 哥哥孙传明和弟弟孙传志（右）在自家的胡同口。孙传明在家排行老大是村委会主任，孙传志排行老三，是第一个把家具制作生意带回毛家庄村的人。

2. 郭建鹏和郭建朝（右）合伙开了一家家具厂，他们俩既当老板，又是工人。2011年7月29日，是厂子开业的第一天。那天，他们制作出了工厂的第一件产品——一个柜子。三年后，他们的工厂面积扩大了约10倍，工人也增加到六七个，生意做得很不错。

3. 来自聊城的王兵，在毛家庄村的沙发厂打工已经一年多了。为了拍一张照片寄回家，他专门换上一身干净的衣服，借来一辆汽车和一副墨镜，在工厂的大门口拍下了这张照片。

4. 毛家庄村内一家家具厂的四位工人都来自临近的村子。按照毛家庄村2012年的工资行情，技术工日工资140元，小工100元，每月的收入基本相当于种植一亩地的年收入。他们虽然不像城里工人那样有双休日和保险等福利，但因为老板从不拖欠工资，他们已经十分满足。

5. 鲁爱的工厂里安装了毛家庄村第一台自动包边机。这台机器大大提高了工厂的生产效率和产品质量。机器调试成功后，鲁爱喊上女儿和工人们一起在机器前合影留念。

6. 孙寿平家是毛家庄村为数不多的几家纯农业户之一。因为家庭成分的问题，孙寿平年轻时不好讨媳妇，在甘肃岷县找了一位聋哑女性做妻子。脚边的麦子就是他们这半年的全部收成。

7. 孙真真每天大约开车40公里往返于城里的店铺和村里的工厂之间，她的主要任务是在济南市东亚家具城销售自家工厂的产品。孙真真还兼任村委会妇女主任，是村里最年轻的村干部。

8. 来自重庆的工人唐坤（左）和弟弟唐海林，一起在亲戚的沙发厂里打工。这天进城游玩前，兄弟俩特意打扮了一番。唐坤之前做过发廊美发师和酒吧服务员，这次是他第一次出远门打工，但因为还想继续做美发师，半年后他又回到了彭水老家。

年关将至，为了要回被拖欠已久的工钱，董光珍和本村的工友一起扣住了城里包工头的汽车并报了警。董光珍说："只要打110报警，公安局就有接警记录，以后打起官司来就不怕没有证据。"之后，包工头写下了欠条，然后很快支付了他们的工资。其实，董光珍和包工头之间没有签下任何合同，只有口头协议。

为了道路的使用权，毛家庄村和大王村之间的争执由来已久。2014年秋天，对立再次升级，两村险些发生械斗，并为此惊动了镇上的警察。村民们渐渐意识到，在获得财富的同时，“烦心事”也会随之而来。

A 30722

1/2 | 3

1. 毛家庄家具厂的工人正在打磨人造石，制作整体厨房的台面。切割和打磨人造石产生的粉尘，不仅是工人健康的大敌，还会给周围的村庄环境带来二次污染。

2. 一列迎亲车队驶进新娘所在的村庄。工业污染带来的雾霾，不仅影响到了济南这样的城市，同样也波及到了农村。

3. 由于村内建设缺乏规划，道路曲折狭窄，稍大的车辆常常难以在村中畅行。小工厂、小作坊的生产方式，让村里土地的使用几近饱和，污染问题也随处可见，这些都严重影响了毛家庄村民的生活质量。

一对进城游玩的情侣走在回村的路上。村里的工厂并没有周末休息的制度，除了在重要节假日里统一放假，只有当村里停电工厂无法开工时，工人们才会放假。一心想要转型为工业园的毛家庄，面对着工业化带来的一系列问题。毛家庄是目前中国无数个正在城镇化进程中前行的农村的一个缩影。

乡村娱乐

除了炒房团，小商品市场也一度成为温州的名片。以家庭为单位进行工业生产的模式富了温州人，于是村里人对娱乐也提出了新需求，形形色色的娱乐项目出现在村里的各个角落。

摄影师 / 张晓武
浙江瑞安美术教师，自由摄影师。2015年入选“四月风”青年影像创作扶持计划，专题入展2015年浙江省首届纪实摄影大展，2015年参展第15届中国平遥国际摄影大展和2015中国·丽水摄影节。

乡村娱乐的背后

我不喜欢流于形式、没有思考的表达。2010年起，我开始去寻找一些独立的表达，去拍摄自己身边的人和事。2011年后，我开始有意识地记录身边的生活。《乡村娱乐》这组图片专题就拍摄于2011—2015年，是我对温州老家乡村生存现状的影像调查。

我在城乡接合处长大，如今工作和生活都在这里。我对自己的身份认同一直比较尴尬：在城里，人们不认为我是城市人；到了农村，那里的人也不认为我是农村人。而这几年，随着城市的扩张，改变最大的就是城市的边缘地带。这些年，我亲身经历、亲眼目睹了家乡的变化，同时也看到了经济的迅猛发展带来的一些问题。亲切感、体验感、身份感，这是我只拍乡村不拍城市的原因。

小时候，乡村的娱乐项目都很朴素，一般也就是看看露天电影，大人们串门打打牌，看上去非常单调。如今经济高速发展，各种花花绿绿的娱乐设施出现在广场，一些带有博彩特色的娱乐项目也不再像以前一样遮遮掩掩，反而更加明目张胆。

我更愿意通过记录，感受家乡的温度。拍摄《乡村娱乐》并不是为了解决什么问题。我希望通过呈现乡村娱乐的变化和多元性，探讨城市化进程中人的生存状态和精神特征。乡村娱乐直观地折射出生活方式的转变和问题，如乡村娱乐方式的新旧冲突、文化缺失和两极分化等等。

我的影像专题《乡村娱乐》记录了各色各样的娱乐景观。我试图用冷静的视角尽可能丰富地呈现细节，将乡村娱乐中人与人、人与娱乐、人与环境的复杂关系，以及隐藏于这些关系下的娱乐文化价值观进行挖掘和解读，从而展示出乡村娱乐的多元和荒诞。

不同的娱乐方式代表着不同的价值观，抛弃或拥抱怎样的价值观是每个人拥有的权利。对于《乡村娱乐》中呈现出的真实，我们需要多一份宽容和理解。《乡村娱乐》虽然拍摄于温州乡村，但它是具有代表性的。

2011年6月，浙江温州瑞安上望九二村的返迁地马上就要开工，工地围墙外，一位老板正在马路上骑马。马术运动是近年在温州老板中新兴的娱乐方式。进口的赛马价值不菲，这种昂贵的西式贵族运动让讲身份、爱面子的温州老板们自我感觉良好。

1 | 2
  | 3

1. 2012年2月元宵节当天，温州瑞安曹村镇迎来了一年中最盛大的花灯节。为了观看晚上的大型花灯游行，人们从四面八方赶来，挤满了集市。打枪的小摊上，几个男人玩得正起劲。

2. 2015年2月，瑞安瑞湖公路旁的空地上，两只进口猎犬正在打斗，围观人群的叫好声此起彼伏。十几分钟过去，两只伤痕累累的猎犬已筋疲力尽，躺在地上虚弱得站不起来，围观的人群仍不愿散去。

3. 2012年10月，温州瑞安莘塍镇渔墩村。在渔墩村的废墟上，聚集了一群外来务工人员，一场最原始的“猜豆子”的赌局开始上演。

2014年8月，温州瑞安飞云镇。远离小镇的车站广场成了一个孤零零的娱乐中心，各种各样的露天简易娱乐方式挤满了广场的角落。在一个露天卡拉OK摊上，一对父女正在深情演唱。乡村娱乐的发展远没有跟上经济的脚步，特别是外来务工人员，他们的娱乐生活更加简陋。

1 | 2/3

1. 2015年7月，温州瑞安飞云镇飞云江大桥下，前来休闲的人们在一个移动照相摊前排队拍照。这个流动照相馆使用了简单的“绿背”技术，可以把人投射在一个虚拟的场景中，引来众人围观，但生意并不火。

2. 2013年8月，浙江温州瑞安飞云镇的霞砀村，在靠近火车站的地方，村民们自办了一个简易游乐场。只是几个简单的机械游乐项目加一堆地摊式的娱乐项目而已，但这里却是夏日夜晚方圆几公里最热闹的地方。每当夜幕降临，形形色色的人群和小摊小贩们在此集合，喧嚣声直至深夜。

3. 2013年8月，温州瑞安飞云镇，明亮的灯光照着游乐场，吸引着逐光的昆虫和寻求休闲的居民。大人们带着孩子拥挤在游乐场小火车的座位上。坐满了七成人后，小火车带着他们原地转起圈来。

1/2 | 3

1. 2015年6月19日，清明节前一天，温州瓯海仙岩镇塘河旁鼓声雷动，传统赛龙舟活动正在河中举行。过去，赛龙舟活动容易引发村落间冲突，所以这些年龙舟被很多地方政府禁止，而举办龙舟活动的地方，政府都要动用大量人力来维护秩序、保证安全。

2. 2015年1月，温州瑞安陶山镇。“拦垟福”，这个一度消失，曾流行于浙江温州农村地区的大型民间祭祀活动这几年又开始兴起，在当地演变成一场豪华而隆重的乡村嘉年华。仪式融入了一些“红色”元素，街上“红军”队伍的表演或许也会成为一种新的独特传统。

3. 2013年11月，温州瑞安汀田，老人们集中在新建成的极富当地特色的宗祠里看戏。温州人的宗祠寄予了当地人对历史、土地、族群、未来的感知和仰慕。随着经济的发展，温州人的宗祠寺庙也越建越豪华。

1 | 2

1. 2015年6月，温州瑞安莘塍镇，万松路延伸后的路灯下，一对当地夫妇正在练习萨克斯和小号，他们白天经常参加各种乡村娱乐活动，而且还加入了乡村乐队排练一些节目。

2. 2015年7月暑期夜晚，温州瑞安飞云镇街头，孩子们赤膊与大人一起在路边玩钓鱼。这里没有图书馆，没有文化馆，也没有电影院，类似这样的娱乐活动是孩子们暑假里为数不多的选择。

从劳动密集型到技术集约型，从出口导向到扩大内需，产业的革新，让一大批落后的地区和产能走向了衰落，信息的革命，令现代的生活方式发生了翻天覆地的变化，一批带有传统印记的新兴职业披上互联网的新衣，摇身一变，应运而生。

革新

圣诞工厂

电商女郎

网络女主播

网络写手

圣诞工厂

“圣诞节”源自西方，而“圣诞礼物”则产自中国。全世界60%的圣诞用品都诞生于义乌，诞生于这些飘扬着红粉的工厂。2001年，义乌市仅有十多家企业生产圣诞用品。现在，已有600多家这样的企业落地义乌。工业化带来了经济的腾飞，也改变了亿万国人的生活。

摄影师 / 陈荣辉

1989年生，现任澎湃新闻深度专题摄影记者。作品《圣诞工厂》获得第58届世界新闻摄影大赛（荷赛）当代热点类二等奖，作品《一路向北》获得2015年度“今镜头”非重大突发类组照金奖，2013年度全国十佳摄影记者，2013年度新浪年度优秀摄影师，马格南首届大师班（上海）优秀学员，入选2015年度浙江新峰计划。

“圣诞工厂”——“世界工厂”的缩影

2014年11月末的时候，我寻思着拍一组圣诞节相关的图片故事。拍之前，我在网络上搜资料时，发现已有的报道大都是圣诞节期间的奇闻逸事，而圣诞节背后的故事却鲜有提及。义乌当地的媒体曾报道过“圣诞街”，但我感觉不够深入，于是决定就从这里切入，把圣诞用品的制作过程完整记录下来。从圣诞工厂的生产，到圣诞街的销售，再到圣诞用品的运输……我在义乌拍摄下了完整的圣诞用品产业链。

到达义乌的第二天，我和同事就一起开车直奔厂区，但之前选好的两个厂房已经停工。后来才得知，由于来自欧美地区的大宗订单都在9月之前开始发货，所以圣诞工厂真正忙碌的时间在每年的9月，年底工厂接的都是国内的小订单。幸好，最终我们找到了当地规模最大的航天圣诞厂。

进入厂房时，刚好碰到了车间的负责人，对方问：“又是来采访的？”我赶紧回答：“是呀，每年都来嘛，好像去年的人今年都走了啊。”负责人说：“每年都有新人来，流动性很大。”说完他就走了。我们松了一口气，抓紧开始拍摄。

还没进烘干间，我就闻到了一股刺鼻的味道。推开门，满眼的红色，空气中飘满了粉尘，令人头晕目眩。一个年轻的小伙子，戴着口罩，拿着圣诞雪花在烘干，看到我拿着相机，他没有诧异，继续忙着手中的工作。他就是我后来拍摄的小魏。

在车间里拍摄，虽然戴着口罩，但只过了5分钟，我就吃不消了，因为很多粉末钻进鼻子和嘴里，非常难受。小魏很热心，看我吃不消，便劝我到外面休息下再进来拍，还拿着鼓风机帮我吹掉了身上的粉尘。

小魏来自贵州省兴义市雄武乡，之前在老家跟随父亲在采砂场工作，卖体力很辛苦，一年下来收入却很低。后来经老乡介绍，父亲带着一家人来到了义乌。来之前小魏不知道这份工作是什么，好在全家人都在圣诞工厂里找到了自己的位置。工资是计件制，为了多赚点钱，他们一天工作十几个小时，父子俩在喷粉车间一天能够制作5000多颗星星，每人每月赚3000多元。

在拍摄期间，90后小魏告诉我，他来到义乌后学会了抽烟、网络游戏和流行歌曲，和同学聊天都变时髦了。老家的同学上完初中，基本就都出去打工了，有些同学去沿海地区打工后再回到贵州，却发现在老家没有太多事情可以做。

这组图片在新浪报道出来后，小魏给我打了一个电话，他说在网站上看到自己了，他的同学也看到了。他们全家决定干完今年的活之后，就离开这个工厂，希望找一个环境好一点的地方。圣诞节结束后，工厂放假，小魏一家回到了老家贵州。

圣诞工厂是当下中国作为世界工厂的一个缩影，在很多地方都有类似的企业。工作环境不好，对于小魏们来说，这很痛苦，却也是一个改变人生的机会。现实很残酷，但是未来可以期待。社会变化的节奏很快，热点层出不穷，我没有期待这组普通工人的图片故事能带来多大的影响。希望看到的人有所感触，给身边的一线工人多一点关怀。

2014年12月4日，在义乌市佛堂镇的一家圣诞工厂里，伴随着电动机和切割机的咔嚓声，几片泡沫雪花掉落在地面厚厚的红色粉尘中。老魏和19岁的小儿子正在车间给雪花喷粉。老魏原本在贵州省兴义市雄武乡的老家采沙场工作，今年是他们全家第一次从老家到外地打工。

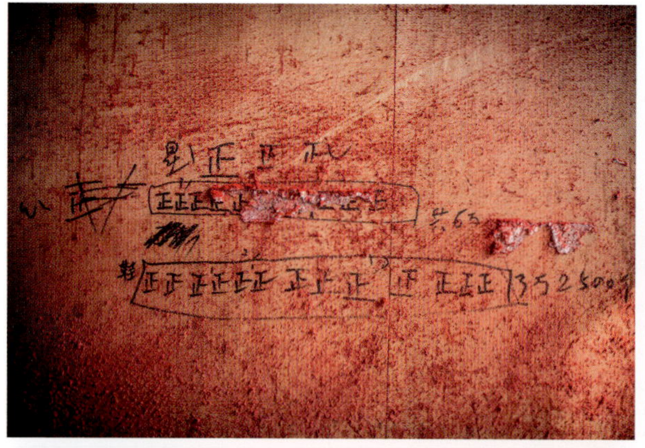

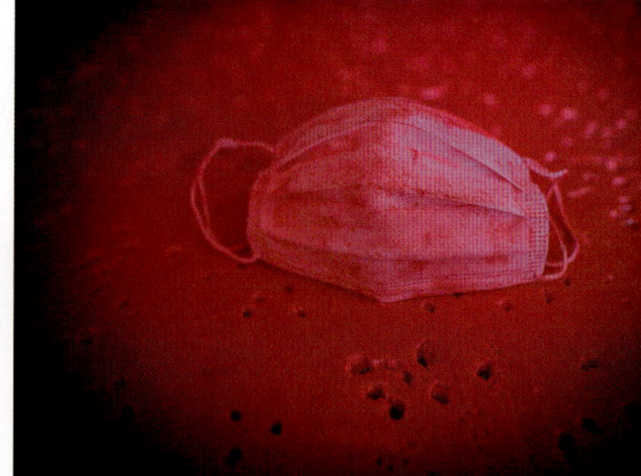

1 | 3
2 | 4

1. 工厂的墙上画着“正”字。老板原本是按月结算工资，后来改成了计件制。为了多赚钱，老魏一天工作十多个小时，从早上7点干到11点，中午休息后，从12点做到下午5点半，晚上吃完饭，再从6点多工作到9点。这样干一个月下来，大概能赚3000多元。

2. 老魏到现在也没弄明白自己做的究竟是什么。首先将雪白的泡沫制品，浸没在胶水里3秒，然后捞起来，放入专门喷粉的机器中，不断旋转泡沫制品，直到全部沾上粉末。只需10秒，白色的泡沫制品就变成了鲜艳的红色。

3. 一只被粉尘染红的口罩落在台面上。老魏父子在喷粉车间里一天能制作5000多只星星，同时，父子俩一天下来还要消耗十多只口罩。

4. 生产过程中，整个60平米的车间内弥漫着粉尘。老魏从烘干房出来，轻轻在身上拍了几下，瞬间就被红色的粉尘包裹。这些散落地面，类似红色绒毛的粉末会被他们收集起来，处理后再次利用。

38岁的老魏正在烘干房内检查星星制品。老魏说，天气变冷后他就感冒了，主要是烘干房和外面的温度相差太大。他说，不希望儿子经常走进去，自己反正已经感冒就无所谓了。

1 | 2/3

1. 接近中午，19岁的小魏靠在马凳上休息。在外面打工的小魏经常给以前的同学打电话，一般第一个电话同学都不接，以为是骚扰电话。小魏和同学什么都聊，偶尔吹吹牛，说今天赚了多少，美女很多，一打就是半个小时。

2. 向阳的玻璃上，厚厚的红色粉末中写着“学好”两个字，这是小魏的手迹。他17岁的时候就离开学校跟着老爸去采沙场打工，刚开始的时候很想回学校，不过后来慢慢也就不想了。

3. 小魏的一对音箱被放在角落，也被覆盖了红色的粉尘。小魏说，他没有微博，没有QQ，没有微信，只喜欢听歌，《小苹果》是他重复播放次数最多的歌曲。

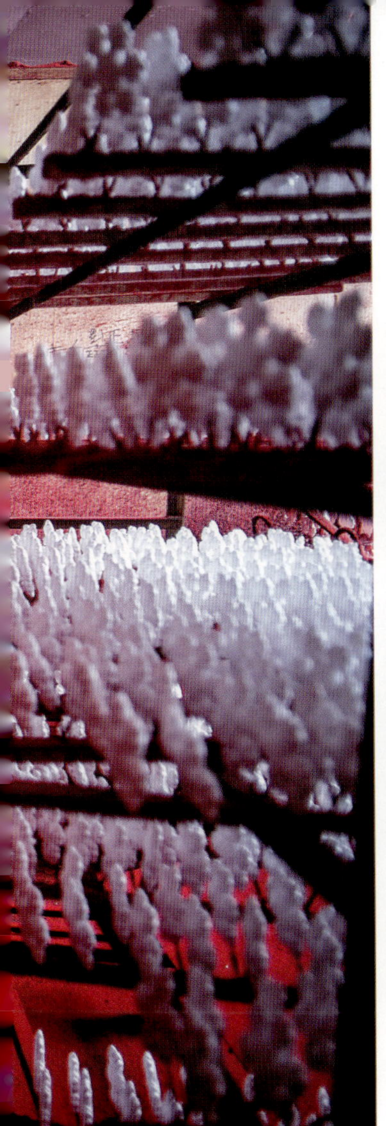

脱下手套后，小魏不停地在抹手。说到圣诞节，小魏坦言，就是知道有这么个节日，但具体是做什么的他不清楚。“或者，这就是外国人过的新年？”

中午吃饭前，老魏打开窗户，操起一根皮管，打开喷枪冲走身上的粉末。他带着圣诞帽工作并不是为了增加节日气氛，而是为了防止粉末渗入头发。老魏只会在忙完一天的活后洗澡，吃饭前他习惯这样简单处理一下。

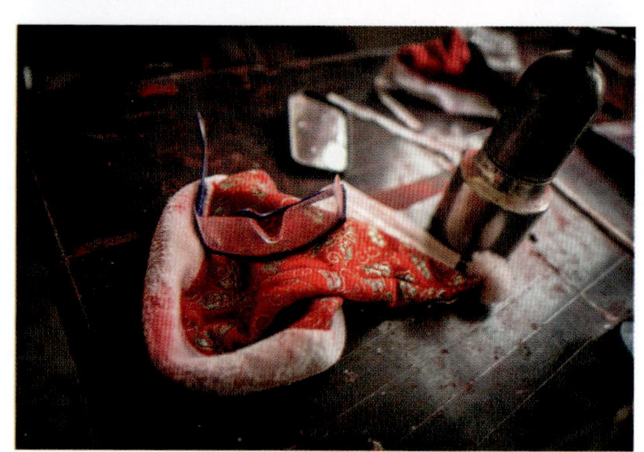

1 | 3 | 5 | 7
2 | 4 | 6 | 8

1. 中午收工，小魏赤裸上身离开了厂区。小魏说，他只要离开厂区一定要保持身上干净。因为喷粉，小魏的头发总被染得红红的，平时又忙得没时间理发，他调侃说：“也好，算是染发了。”

2. 午休时间，小魏在尝试吸烟，这是他自己买的卷烟。他深深吸了一口，幽幽地说：“今年过年回老家前，准备买两套衣服，让同学们看看自己混得还不错。”

3. 老魏的妻子负责安装工作，每天中午，她都会提前半小时回去做午饭。老魏说吃不惯食堂的饭菜，妻子做菜时，都会放一些从家里带的辣椒和腊肉。吃完午饭，老魏会悠闲地抽会儿水烟，他说明年可能就不会再来干这行了，等儿子攒够娶老婆的钱，就回老家。

4. 午休时，老魏将防尘用的圣诞帽和眼罩丢在桌上前去吃饭。2014年12月25日，也就是圣诞节的那天，老魏父子工作的厂子就放假了，一家四口回到贵州老家。或许，就不再回来了。

5. 义乌福田二区，一位老板娘坐在店里睡着了。她家的店主要出售各种圣诞花环和圣诞树，在这里，每一家店面的分类都很明确。部分老板反映今年的销量并不是很好。

6. 高师傅的妻子在搬运圣诞老人玩偶。近一人高的玩偶，他们夫妻俩一天能做40多个。高师傅说，今年做的比往年少一些，现在出售的都是尾货，在网上收到几个订单，他们就立马做几个。

7. 进入12月份，福田二区的街道上依旧是车水马龙。这几年，国内散单的畅旺可以一直持续到12月20日左右。一位小商贩骑着摩托车满载货物在这里穿梭。现在的福田二区，全都是不起眼的商住楼街道，却有了“中国圣诞村”的绰号。

8. 王敏是一家香港出口公司的采购主办，这次，她陪着印度采购商Aneesh一起采购圣诞节装饰品。王敏说，这次主要是帮印度的一家万豪酒店采购，大概采购了5万元的货物，需要立即空运，光运费就要两万多，不然就来不及布置了。

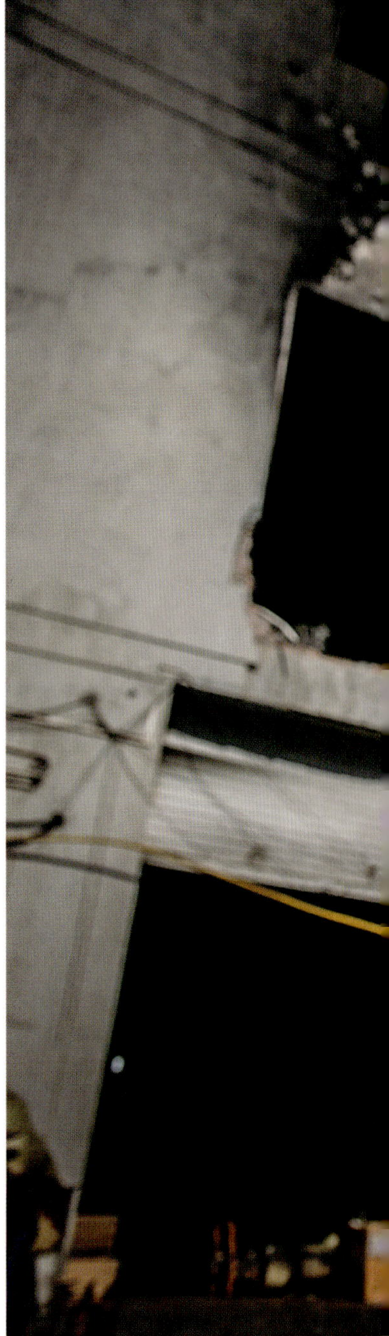

1 | 2

1. 义乌火车货运站，装满各种小商品的集装箱即将沿着新开通的“义新欧线”，从义乌出发，经过新疆，到达马德里，而后运抵世界各地。

2. 义乌拥军路，一家圣诞用品制作厂在10月份发生了火灾。这家店的货运司机坐在卡车里休息，旁边的老板说，还好，今年外贸的货物基本已经卖出去，只是损失了一些设备和一部分货物。

Merry
Christmas

电商女郎

每一个网店都有一个店主，每一个店主都有一个故事。电商时代下，网店店主不乏青春活力的妙龄女孩。淘宝、微博、微信……是她们订单的主要来源，只要是可以与外界发生交互的软件平台，就是她们的店面。她们深居简出，没有选择到传统意义上的单位里供职，在互联网的虚拟世界里经营自己的一方天地。开网店，是她们的工作，也是她们的生活。她们的“圈子”属于移动互联网时代，她们是“电商女郎”。

摄影师 / 彭年

生于武汉，初中毕业后开始学习美术，1999年结束大学生活，在一所中学教授绘画。2010年，转行进入《长江日报》报社，担任摄影记者至今。现在生活、工作在武汉，空闲时会进行一些装置艺术创作。

电商女郎——豁达、开朗、韧性十足

大约在2013年的年底，快递员打来电话让我下楼取件，他说快递的门店就在我居住的小区大门旁边。原来这家门店是以前的副食店，何时变成快递的，我完全没有印象。液晶电视、电冰箱、大书柜……在不大的空间里，塞得满满当当。我惊讶地问："这些都是业主们买的呀？"快递员乐呵呵地说："是啊，都是你们买的，什么都有，我收货发货忙得不行，除了房子不能快递，房子里面的物品都可以快递。"

后来，我开始观察电子商务，关注了一些售卖原创商品且个性十足的网上店铺。这些小店充满活力和想象，很多店主都是年轻女孩。我当时想，如果把她们约出来，聊聊她们是如何看待网店生意的，一定很有意思。

一开始，我很担心这些女孩拒绝采访，但幸运的是，这种情况并没有出现。电商女孩们的性格特质都不一样，但她们有着共同的特征——豁达、开朗、韧劲十足。和她们谈话是一件愉快且轻松的事。我很尊敬她们，她们年纪轻轻，却完全依靠自己的创造力顽强地生活着。

这些女孩有着各自的生活目标和方向。她们有的出生在武汉，有的在武汉读书，毕业后留了下来。一些人有过短暂的工作经历，做过公司职员或是设计师，但都因为不是自己理想的生活而放弃。她们更愿意跟随自己的内心，做自己喜欢的事。

这些电商女孩的收入起伏很大，有时一个月不开张，有时一个月收入好几万。如果没有互联网，这些女孩身上的才华或许很难有机会显现。而她们的存在本身，也说明了互联网正在打破传统的商业模式。

我很关注人物本身，希望拍出她们真实的生活和工作状态，努力让呈现出的画面可以让读者和她们交流。拍摄场地就是她们工作或生活的地方，她们的工作方式、她们的性格喜好，都在这里留下了各自的符号和印迹。

生活方式与观念的变化是一个社会变迁的重要标志，电商女孩群体的出现是社会生态发生改变的直观显现，她们是互联网时代最形象的代言人之一，也是社会发展的美丽符号。

罗婷全身的行头，都是用买来的二手服饰改造、再设计出来的。她毕业于武汉纺织大学，很喜欢英国约翰·加利亚诺（John Galliano）的浪漫主义复古风和美国的街头文化。她用微信公众号挣生活，出售的全是自己灵光闪烁的想法。缝纫机是妈妈的嫁妆，现在它为罗婷服务。

夏丽穿着自己制作的“洛丽塔”服饰，在一张长条桌上画着设计图。出于兴趣，夏丽最初只在论坛上发表作品，后来从网店起步到实体店，再到规模化经营，她现在已经有了自己的厂房。她说：“除了去市场选衣料，其余时间都穿‘洛丽塔’的服饰，十几年了，一直如此。”

吴倩倩的老家在山东济宁，她在武汉生活了6年，一直没有离开过这座城市。这个DIY甜点店是2008年开始做的，6年时间里，每天从上午10点到晚上7点，她一直守在这里，通过豆瓣、微信等互联网平台来推广生意。身后满满一墙都是顾客的留言，也是她在武汉生活6年的印迹。最近她去了一趟大别山，算是走出这个城市的第一趟旅行，我替她感到高兴。

1 | 3
2 | 4

1. “我高中的时候190斤，现在稳定在170斤上下，1989年的！”韩晨的第一份工作是为一家淘宝服装店做图片后期，这家店出售的许多大码女装都是找瘦女孩做的模特，可惜瘦女孩们无法展现大码女装的设计语言，于是韩晨索性转行，做起了电商们的胖模特。

2. 张纯芳，台湾花莲县原住民， 阿美族。2011年6月，中国大陆游客赴台自由行放开后，台湾花莲的计程车司机和民宿的商人们纷纷通过网络向大陆游客介绍自己的旅游项目。张纯芳说：“我的微博6月刚开通，你是第一个通过网络联系到我的大陆游客。”

3. 两年前在广西旅行时，文小倩尝到一种古法制作的萝卜皮，这味道让她一直魂牵梦绕。今年3月，在做过童装设计、平面模特以及时尚编辑后，文小倩有了自己的空间。她将来自广西姥姥家的萝卜皮、凤爪和妈妈做的牛肉丝、牛肉酱和牛板筋，用扎染的蓝花布精心包装后在网上和实体店销售。

4. 王艳的工作室是一套在小区租的两室一厅房子，90平方米的房间已经被各色女款包包塞得满满当当，几乎没有落脚之地。两台电脑在有些杂乱的桌上时不时地发出阿里旺旺的叮咚叮咚声，地上堆满了已经打包准备出货的女款皮包。和我说话时，王艳还要不断接电话、回复留言、为买家打包。

郑羿的老家在河南，微博昵称“二十二浪人”。从保加利亚到摩洛哥，从恒河到西贡，从拉贾斯坦到特拉维夫和加沙地带……去世界上极具民族特色的区域收集手工制品，是她的寻梦之旅。郑羿通过微博、微信发布自己多年来游历世界各地的游记信息，也招揽生意，帮人编“脏辫”，每人500元——这是她旅费的重要来源。我围着郑羿住的地方转了几公里，想寻找一个合适的环境来拍摄，最后在她房间外的楼梯上看到了这束阳光，感觉很符合她周游世界的气质，安静、随遇而安。

熊宇杰的饰品实体店于2011年开张，桌上堆满各色珍珠和金银的小花，这些小物件被分类摆放在一个个小盒子里，每个盒子都镶上了布艺花边。虽然有实体店，但她主要的业务来源是通过微博等网络工具的推广。熊宇杰会定期在网上发布自己的作品和店面商品的变化。

为了向一位台湾老师学习扎花，熊宇杰专程去了一趟上海，现又回到武汉，继续在网上和一位日本的大师级人物学习全手工烫花术，虽然小众，但她非常喜欢，也可以拓展她的业务。

网络女主播

她是当红的网络音乐女主播，被粉丝奉为“女神”，每天在家直播，吸引着上万名粉丝围观。而在2013年之前，她还是一家社区医院里的普通护士。1992年出生的沈曼，是粉丝文化的宠幸者，也是网络时代的创业者。

摄影师 / 谢匡时 吕甲

谢匡时，1989年生，湖南耒阳人。曾任《东莞时报》摄影记者，腾讯大燕网摄影师兼图片编辑，现任澎湃新闻摄影记者。

吕甲，1984年生，四川绵阳人。现任《华西都市报》摄影记者，曾获“金镜头”铜奖、四川省新闻奖等。

网红女主播年入数百万

故事里这个女孩名叫沈曼，1992年出生，四川成都人，2013年之前，沈曼是一名护士，现在是YY娱乐的当红女主播。在YY娱乐这个虚拟的网络平台上，沈曼曾获得“最受欢迎女偶像”的称号，被众多网友粉丝奉为“YY女神”。她在这里跻身为发家致富的成功者，变身为星光熠熠的焦点人物。

YY娱乐平台目前拥有十几万个主播，而沈曼只是其中的一个。在这里，用户可以免费进入直播间围观，听她唱歌，但如果想获得沈曼的青睐和互动，就要花钱给她买各种虚拟礼物。心动的粉丝们为她搭高楼、送鲜花、维护贴吧，亲昵地唤她“老大”，更有“富二代”每日准时报到，送出几千近万元的礼物。沈曼可以从平台出售虚拟礼物的收入中获得40%的提成，这也是沈曼的主要经济来源。

沈曼的少年时代在广东中山度过，父亲在中山做了20多年的小生意。后来因为家庭变故，沈曼回到成都生活。高中时候的她成绩不好，读到高二就退学了，后来读了成都中医药大学的护理专业大专，毕业后，到成都某社区医院做了护士。

2013年1月，在朋友的介绍下，喜欢唱歌的沈曼抱着玩乐的心态进入了这个平台，尝试在直播间唱歌，向粉丝打招呼。刚开始，她对自己的长相不自信，也不会说漂亮话，每次直播都担心无法完成任务。但沈曼的做法是，如果当天的任务没有完成，她就不会下线。她经常从下午6点开始直播，一直持续到次日凌晨两三点，直至完成任务才会结束直播。2013年5月，通过不懈努力，沈曼的粉丝开始涨到上千人。这时平台官方也注意到了她，开始邀请她参加一些活动。在8月份一次“快乐男声”拉票活动中，沈曼大获成功，粉丝飙升至近万名。这也让她逐渐成为一时的红人。2013年底，在粉丝们大力购票的支持下，沈曼从众多主播中脱颖而出，获得了2013年平台娱乐年度盛典女主播的第一名，站在了主播生态群的金字塔顶端。

沈曼每次直播的时候，粉丝数量都保持在15000人左右，这些粉丝每天可以给她带来1万元左右的收入。去年年末，沈曼的一位“国王”，在几天内给她刷了折合人民币100多万元的礼物。在她生日当天以及年底的平台娱乐年度盛典时期，她的收入会出现大爆发。这样算下来，她的年收入高达数百万。

除了直播时的互动，沈曼每年还会为她的粉丝搞一个聚会。2013年5月15日，她在成都举办粉丝年度聚会，一位“守护”特意从东北赶去捧场。

网络“江湖”里的“成功”并非偶然

从月入两千的医院小护士，变身为年入数百万的当红女主播，她的生活早已发生了翻天覆地的变化。沈曼的父亲最早是反对女儿从事网络主播行业的，但随着女儿的事业越做越好，父亲渐渐成了她最坚定的支持者，有时候他甚至还会和粉丝一起互动，被粉丝称为“国民岳父”。

沈曼的成功离不开两位“国王”的重金扶持，有实力的土豪粉丝被称为“国王”、“公爵”，成为“国王”后拥有很多虚拟特权。对于为她一掷千金的“国王”的身份，沈曼不愿过多透露，只是说，“他们喜欢我，只要进入直播间就会给我刷礼物。”

这个平台就像是一个线上的演唱会，它没有线下的演唱会那么高大上，优势在于门槛低、接地气、受众广。沈曼最擅长的是抒情歌，一首《新娘不是我》让不少粉丝“痛哭流涕，感同身受”。每唱完一首歌，她会和粉丝互动一下，“小伙伴们，点个礼品呗”。给她送了很多礼物的粉丝，她会说：“感谢某某”。在直播过程中，沈曼会用甜甜的嗓音跟粉丝们打招呼，比如“有没有广州天河区的小伙伴？晚上一起出来喝酒呀？”她的请求总是一呼百应，屏幕右侧的对话栏里全是“老大一起来喝吧”、“我就在天河区呀”之类的话语。而窗口中间，价格在几十元到几百元不等的玫瑰花在沈曼面前次第开放。

这里像一个市场，有市场的地方，就会有人来人往，就会有江湖。进入这个平台之后，主播、公会、粉丝，以及由粉丝分化出来的带身份的各种角色，又形成了一个虚拟的人际生态圈，能满足每一个粉丝的互动愿望和虚荣心。

这组图片引发了很多网友的讨论，但我不认同其中的道德质疑。网络女主播是一种新生的职业，沈曼的爆红，是各种因素使然，离不开她个人的不懈努力和用心经营。在为人处世方面，她表现出超越年龄的成熟，和平台、公会的员工打成一片，这是一般主播无法做到的。

2010年以来，YY音乐在线直播软件开始风行，迄今为止，已吸引逾4亿名用户。这个名叫沈曼的女孩是这里的明星。

YY娱乐现在拥有十几万个主播，沈曼只是其中一个。用户可以免费进入直播间围观她的唱歌，但是要想获得沈曼的青睐和互动，就要花钱给她买各种虚拟礼物。

1 | 3
2 | 4

1. 沈曼每天的生活从下午3点拉开卧室窗帘开始。

2. 平时的直播就在家里的客厅进行。直播的设备也很简单：一台电脑、一个麦克风和一副耳机。所有设备的总价值在3000元左右。

3. 美瞳、浓妆、黑超、假发，这些是主播们的标配。每天直播前，沈曼都会精心装扮自己，她觉得这样会更上镜。

4. 鞋柜里摆满了她的鞋子。平时喜欢穿拖鞋的她，并不在意穿什么衣服，但很在意外形和身高，拍照的时候她总会提醒摄影师自己好看的角度。

1/2|3

1. 直播的内容主要是聊天和唱歌。一次直播可以唱几十首歌，她最拿手的歌是《孟婆汤》，是每次直播都要奉献给粉丝的，靠这首歌，她登上了“YY年度盛典”。

2. 直播过程中，沈曼把手机里的照片与粉丝分享。

3. 偶尔有同学来找她玩，围观她在YY上的直播。同学们大都在成都各个医院上班。在她们艳羡的目光下，沈曼已经从一个小护士变成了一名女神主播。

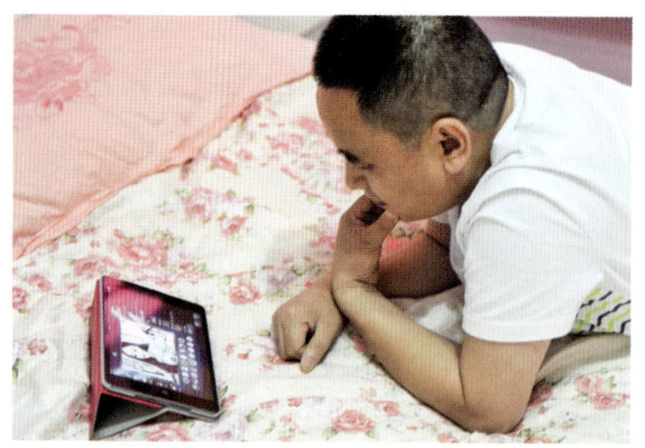

1 | 3 | 5 | 7
2 | 4 | 6 | 8

1. 沈曼的父亲看着她的事业越来越好，今年回到了成都，成了女儿职业最坚定的支持者。现在沈曼的每场直播，父亲都会在旁边看着，或者在iPad上观看，被沈曼的粉丝们称为“国民岳父”。

2. 沈曼的父亲偶尔也会参与直播，每次出现的时候，沈曼就会开始这样的互动：“你们叫我爸什么？”屏幕上滚过一排“岳父”。随后，屏幕迅速被“豪车”和成堆的礼物填满。

3. 沈曼给自己的下半年定了两个目标：买房和考驾照。她已经看中了一辆奔驰Smart，父亲负责查看房产信息。她和父亲现在在成都租了一套两居室的房子，房租每个月2600元。

4. 成名后的沈曼，对物质生活的要求有着不同的两面。她出门坐飞机必须是头等舱，下榻酒店都是当地最好的五星级酒店，不过，很多时候是粉丝帮她买单。但在穿着打扮上，她对自己很“抠门”，上衣35元、裤子85元、拖鞋35元……

5. 沈曼家的客厅里摆着巴宝莉、普拉达等大牌包包，苹果MacBook Pro笔记本电脑，还有各种首饰、玩偶……有些是粉丝送给她的，也有些是她自己买的。

6. 沈曼喜欢看郭敬明的书，《小时代》三部曲整齐地放在书架上。在YY直播平台上，粉丝们把她称作“女神”，而她说自己心目中的女神是《小时代》里的“南湘”郭碧婷。

7. 对于自己的走红，她认为“有付出才会有回报。当主播之后，我要经常熬夜，嗓子变差，皮肤变差。还会与现实的世界脱轨，变得很宅，朋友很少”。一周7天，不出意外，沈曼每天都会做直播。

8. 现在，沈曼每天的直播收入在1万元左右，而在她生日当天，以及年底的YY娱乐年度盛典上，她的收入会出现两次大爆发，一天的收入将以百万计。这样算下来，她现在的年收入已经高达数百万。

1/2 | 3

1. 沈曼站在广州四季酒店91层客房的窗边俯瞰这座城市。四季酒店是广州最高端的酒店之一，平均客房面积超过70平方米，消费极高。

2. 出门的时候，她一定要穿高跟鞋，因为这样会让她看起来显高一点，身材好一点。

3. “我身上的每一样东西都是我自己赚来的，”她指着自己的普拉达包说，“这是打折买的，之前记者都故意写我过得多奢侈，可我都是真金白银赚出来的！”

网络写手

每天工作5小时，更新1万字，月收入从几百元到几十万元不等，一块键盘成了网络写手的“印钞机”。越来越多的“大神”成名故事刺激着这个行业的两百多万从业者，但月入过万的网络写手还不到1%。这是一个贫富悬殊的行业。而除了谋生，摄影师从他们的眼神里，还看到了对于写作纯粹的热爱。

摄影师 / 吴皓

1987年生于广西南宁，2006—2010年在上海就读新闻学专业，毕业后曾在当地媒体任摄影记者，2012年转做独立纪实摄影师，2014年任职新浪网专职摄影师。他的作品大多关注中国社会的快速发展对普通人生活造成的冲击，作品曾刊登于中国、捷克、意大利、俄罗斯和瑞士的杂志和网络等媒体。

网络写手群体庞杂，被关注的仅是少数人

我一直关注青年文化现象。在和朋友的闲谈中，了解到现在很多年轻人，特别是学生群体，爱读网络小说。一开始，我对网络小说的概念很模糊，只听说过一些知名度很高的作品，例如《盗墓笔记》等，也不太了解网络小说和传统小说的区别究竟在哪儿。后来我在网上做了一些调查，发现这是一个规模庞大的行业，背后有大量网络文化公司和写手，其中许多网络写手都是90后。我对他们的工作以及生活方式产生了极大兴趣，所以决定开始拍这个专题。

我拍摄过的网络写手，他们的收入从每月几千元到每月数十万元不等。而从整个行业的角度来看，月薪能达到3000元的写手占比只有5%，月薪过万甚至十几万的，连1%都不到。很多没有名气的写手，每日更新1万字，一个月下来，也就能拿到几百元的全勤奖。大多数知名的网络写手都有签约的公司和文学网站，这些机构也会有专职的编辑来挖掘和推广对应的网络写手。网络写手的收入主要是稿费，一些知名的作品还会被游戏广告公司代理改编，作者借此会有不少版权收入。在那些高收入的作者当中，版权收入是主要收入，有时一部作品被改编成网络游戏的版税可以达到上百万。除了签约公司对网络作者的推广外，很多写手还会开设自己的公众号与读者互动，加强与读者的交流，让读者提出他们的意见，从而参与到作品创作中。

在我的采访对象当中，不同写手的创作动机很不一样，有些人出于对写作的单纯热爱，有些人则会更看重这个行业给他们带来的巨大收益。他们的工作方式比较固定，为满足读者需求，平均每天都要更新几万字的内容，基本就是坐在电脑前不停地码字，他们不写作的时候，和普通人无异。

写手间的竞争不低于艺人，被关注的永远是排名靠前的几百人。这些网络写手的身份、年龄差别很大，最让我触动的是他们对于这个事业的坚持。并不是每个网络写手都能成名赚大钱，许多人甚至连生计都维持不了，但他们对写字有着单纯的热爱，一直在坚持。对于许多写手来说，网络写作确实也是一份工作，和其他工作一样，有付出才能有回报，至于作品能否留芳千古，影响一代人，这也许不是最重要的东西，重要的是能够有一个平台来展示自己的作品。

张伟煊，笔名“风青阳”，今年23 岁，是湖北工业大学一名大四的学生。他曾凭借网络连载作品《龙血战神》而月入百万。作品连载两年，总字数超过 800万，获得了3 亿多次的点击量，圈内人称“玄幻大神”。

每天三个多小时的创作耗费大量精力，在写作遇到瓶颈时，张伟煊就用跑步和打拳的办法让自己放松。他曾经创下单月更新70万字、单日更新50章15万字的纪录，被粉丝戏称为“疯子”。经过长时间的磨炼，张伟煊的打字速度最快可达到每分钟100字。

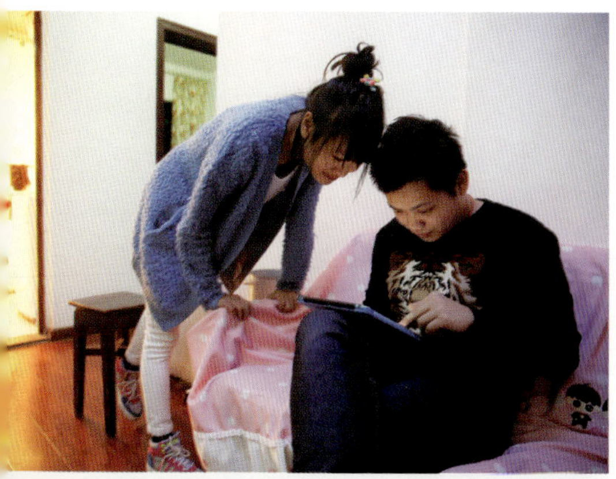

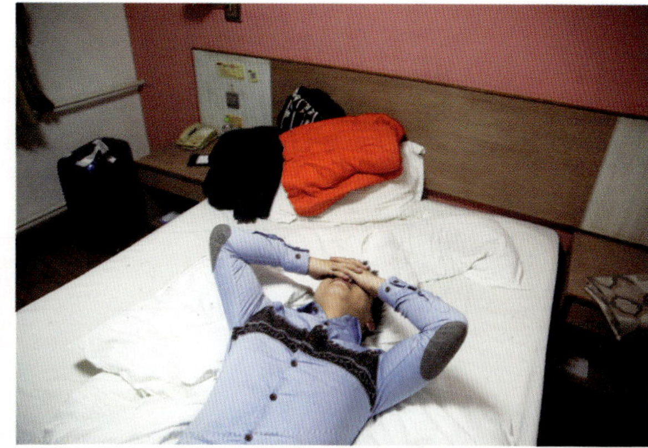

1 | 3
2 | 4

1. 随着知名度的攀升，这位网络文学新星也越来越受到传统媒体的关注，一些电视媒体纷纷邀请张伟煊到演播室里分享他的创作体验和成功历程。2014年12月2日，张伟煊与女朋友一起在武汉的家中观看他接受电视台采访时的录像。

2. 2014年11月19日，北京，张伟煊在一档求职节目的录制现场做准备。当晚，他网络写手的身份引起了节目录制现场各位嘉宾的热烈讨论，许多老板惊叹于这名尚未毕业的大学生竟能够通过网络文学获得百万收入，为张伟煊开出了优厚的待遇。而希望今后留在广东发展的张伟煊最终选择了一家视频公司。

3. 在每本作品开写前，张伟煊都会花很长时间把剧中的故事情节、人物关系梳理清晰，再写出每个章节的大纲，来保证后期高效地更新。在他看来，写作更讲究逻辑思维能力。就算在外参加活动，张伟煊也会每天抽出至少3小时在电脑前码出1万多字，两年多里从未间断。

4. 有钱之后，张伟煊的消费观念还是与普通人一样，并没有变得奢侈。只要有机会，张伟煊就会与同学、朋友在家里下厨、聚餐。对年轻的大学生张伟煊来说，网络写作给还在上学的他带来了巨大的财富。但他没有沉浸在财富所带来的奢靡生活中，他希望未来能够进入影视行业并有所作为。

1 | 2

1. 今年35岁的寇广平来自唐山，笔名“梦入洪荒”，从事网络写作4年。寇广平大学时就迷恋武侠小说。2008年毕业后，他在石家庄的一家IT信息技术公司做工程师。2010年，他辞掉工作全身心投入网文写作，出于对政治和经济的兴趣，寇广平选择创作官场类网络小说。

2. 官场类小说涉及政治，雷区很多，而寇广平笔下的主角多是为民办事的正面形象。2013年底，寇广平如愿以网络写手的身份加入河北省作家协会。成为省作协里为数不多的“网络文学家”。2014年12月14日，寇广平与省作协的作家朋友们聚会吃饭，探讨网络文学的未来。

35岁的崔西广（中）来自山东新泰农村，高考失利后，他辗转全国。9年间，他下过井，掏过煤，抹过墙。4年前回老家务农，农闲了就做建筑木工的短活，每天赚200多元。2012年，他开始以“如水追梦”的笔名创作。两年过去了，他的作品并没有成功，每个月的稿费只有几千元。

忙完每天的木工活，吃过晚饭，崔西广都会准时打开电脑写小说，每天坚持更新三个章节、近1万字内容。从来没有大都市生活经验的他，只能凭借想象和从电视剧中得来的灵感进行创作。老父亲和小女儿都不理解崔西广为何对网络写作如此着迷，在同乡眼里，他也常常被看成一个不务正业的人。

张保欢，25岁，吉林公主岭人。儿时父母离异，由于经济问题，初二时他辍学出门打工，辗转长春、杭州后回到公主岭，在一家工厂里做起了门工。三年前他开始写玄幻类小说，家里人都反对，他就偷偷跑到网吧里写，并参加了由莫言担任校长的网文大学，现在他的作品取得了认可，每个月稿酬达万元。

现在，张保欢每天要花5个小时坐在电脑前更新网文。他与女朋友以及其他两位室友住在一间月租600元左右的出租屋内。张保欢坦言，自己取得的成绩离不开女朋友无私的付出。张保欢用写网文赚来的稿费全款买下了一套复式公寓房，现在装修工作已近尾声，两个年轻人正一同构筑他们未来的美好生活。

1 | 2

1. 24岁的杨静来自绍兴，笔名“唯一的迷蝶”。2011年师范专业毕业后，杨静在幼儿园做了两年幼教，也是在那时爱上了网络言情小说，并正式开始进行网络文学创作。“对我来说绍兴是一个安静平和的城市，很适合我的性格，有人说绍兴的女子一半是水，一半是酒，我就是这样一个人。”

2. “写网文4年了，我的整个青春几乎都献给了网文创作，比我的任何一段恋爱经历都要长久，对此我并不后悔。”杨静靠在一人高的布偶上一边敲着键盘，一边轻轻地说：“我身边的朋友和以前的同学都不知道我在写网文，我也不会主动告诉他们，还是等我的小说出版了再说吧。”

丁宗磊，笔名“失落叶”，淮安人，在网文界打拼了9年，每年通过写网文和销售版权收入百万，是圈里的“大神”。大学期间，丁宗磊就迷恋网文和网游。2005年，数学专业毕业的他做起了程序员。2007年，因工作枯燥，他辞职开始写网文。幸运的是，他的这一决定得到了家人的支持。

网络文学的迅速兴起，让这个行业开始被传统文学圈接纳。有“作家摇篮”之称的鲁迅文学院在2009年设立了“网络文学作家培训班”，每年都会在全国范围内挑选出一批优秀的网络写手来京培训。坚持写作7年后，丁宗磊终获认可，在2014年入选了“网络文学培训班”，来到北京。

污染、灾难、不平等……发展的乐章中伴随着不和谐的音符，经济结构转型、安全隐患防范和人本核心的平等，是中国当下迫在眉睫、亟待解决的痛点。

阵痛

负重的海岸线

煤 城 困 境

负重的海岸线

经过三个月的伏季休渔后，宁波石浦港上千条渔船竞相出港。“东海潮涌，千帆竞发，渔民喜迎开渔……”许多媒体这样形容各地开渔节的壮观景象。但在许多专家看来，海岸线早已不堪重负，其背后的原因，不光是大众普遍认为的过度捕捞问题，还有超标排放、围海养殖、沿海工业等等。

摄影师 / 李颀拯

从事纪实摄影17年，先后在《每日商报》、腾讯大浙网担任摄影记者和图片编辑工作，目前担任新浪网专职摄影师。作品《城市力工》获第八届中国国际新闻摄影大赛（华赛）新闻人物类组图金奖，《运河挑夫》获第七届中国国际新闻摄影大赛（华赛）新闻人物类组图银奖，《怒海求生》荣获大理影会第二届亚洲先锋摄影师大奖（2015）。另有作品获中国新闻奖复评、《人民摄影报》“金镜头”摄影赛等20多个奖项。

近海生态不堪重负

漳州市东山县宫前村的港口，黄友顺一边收拾渔具，一边接着电话，电话的那头，是相约来看船的买主。黄友顺，这个打了32年鱼的渔民，打算做完这一季，就把自己的小船卖了，去寻找其他的生计。具体做什么，他也没想好，眼前的这个海湾，已经很难让一家人的生活继续。赶小海，实在是没鱼了，一天的收入有时还不足百元。他想换个大船，可光船的造价就要上百万，最理想的也许是去远洋渔船上打工，村里很多人选择了这条路。

中国东海，沿着中国大陆的海岸线，北起长江口北岸与黄海毗邻，南至广东省南澳岛同南海为界，濒临中国的沪、浙、闽、台4省市。面积约77万平方公里。这个曾经闻名世界的渔场，如今却面临着无鱼可捕的尴尬。

海岸线是陆地与海洋的交界线，一般分为岛屿海岸线和大陆海岸线。在中国，海岸线总长度达3.2万公里。出于经济发展的需要，一些沿海城市往往会不遗余力地开发海岸线，将自然海岸线人工化，最明显的表现就是围海造地。

近年来，近海生态早已不堪重负，原因有很多，很多人首先把矛头指向了掠夺式的过度捕捞，而不提围海养殖、围海工业和超标排放等问题。

千帆竞发，却无鱼可捕

浙江宁波石浦港，上千条渔船同时出港，“东海潮涌，千帆竞发，渔民喜迎开渔……”曾经，媒体以此为标题来形容每年各地开渔节的壮观景象，这样的大场面，不仅出现在宁波，还有舟山、台州、温州等。半个月后，第一批出港的渔船回来了。船老大的脸上不但没有满载而归的喜悦，相反，他们个个愁容满面。“鱼太少了……” 少到什么地步？渔民罗胜概的捕捞日志中就有一串数字：10个小时，用直径70米、周长1000米的网，不停地在海上横扫35海里，捕捞上的鱼只值一两千元。

这样的现象，不仅仅出现在浙江海域。中国著名渔业专家、江苏省海洋水产研究所仲霞铭说，舟山、宁波、温州……整个东海渔场都出现了相同的困境，东海已经到了无鱼可捕的边缘。

自1994年以来，中国的海洋渔业捕捞量一直蝉联世界首位。根据联合国粮农署最近发布的报告中显示的数据，2012年中国海洋捕捞量位居全球之首，是第二名印度尼西亚的2.5倍多，约占全球捕捞总量的17.4%。

千百年来，农民靠山吃山，渔民靠海吃海。农民失去了土地，还有土地补偿款。但当渔民曾经劳作的海域被大面积压缩后，他们的补偿又从何而来？2000年后，中日、中韩、中越渔业协定生效，我国海上作业渔场被压缩；上海洋山港的建成，让国人为工业的发展大为赞叹，但背后大片作业渔场被压缩却鲜为人知；再加上沿海工业园区的不断扩张，渔民只能不断地失海。

小船出海一次的收获仅够油钱

浙江海盐的东港村，位于海盐县东南沿海，东临乍浦港，南濒杭州湾，沪杭公路贯穿全村，虽然老人们习惯于把门前的这条大河称作江，但在地图上，这里被标注为“杭州湾”。这是钱塘江的入海口，这里头顶的是跨海大桥，门前这条江里的水也是咸的，所以，被老人们称作江的这条大河，其实准确的定义，应该是海。

但这里的海，与我们在电影电视或者在旅行风光片中看到的海不一样，它就像一汪被搅浑的泥汤水，一望无际。天空也总是灰蒙蒙的，站在海边，如果吹的是东北风，你就会明显闻到一股刺鼻的工业原料味。那风是经过了东面不到一公里的化工工业园区后吹到这里的。

东港村有965户人家。据村民方海平说，村里人原先一直以捕捞和养殖为业。最早时，他们与其他地方的渔民一样，每天开着船出去，撒网收网，然后拿着渔获去市场卖钱。但从2000年后，这里就发生了变化。

65岁的老人郑福根说，他二十出头就一直做这行，等过了今年，他也打算把船卖掉不干了。“一来，可能是现在的水真是越来越脏，这些鱼都不愿意游到这儿来了，也有可能是前些年捕得太狠了，那时，每天上千条鳗苗是常有的事，现在每天的收获有时连支付油费都不够。你瞧，我们这些船上还有年轻人吗？他们都去工厂了，只有老人还在做。二来，海边的房子也随着村里的土地被工业园征用了。本来还想为了拆迁的价格再去谈谈，现在每天闻着臭味，也实在受不了，想想还是快点搬走吧。

为了多一点拆迁补偿，再待下去，命都少活几年的，算了，另谋出路吧。”

在福建沿海一线，这样的状况更甚。在漳州，大片的工业园区围海而建；大片的沙滩和海岸线上搭建着养殖场，一眼望去，绵延长达几十公里。数千条白色的PVC水管伸向大海，抽取着养殖用的海水，再将不经任何处理的废水直接排回大海，不少排放口还散发着一股腐臭味。已经从事中国海洋环保研究多年的专家周薇看到这场景说：“这样大规模的养殖对海洋生态的打击将会是毁灭性的，小规模分散性的养殖不但可以缓解人们对海产品的需求，也可以让野生物种休养生息。但这样的规模，可直接导致海水无法循环自净，最直接的反应就是赤潮频发。”

原来渔民捕捞时可以放过的小鱼小虾，现在也有了需求的出路，可以加工成饲料，卖给养殖场。我们曾跟随一条小围网船出海，捞上来的全都是不到食指粗的小鱼苗。捕回岸上后，被饲料厂以一元一斤的价格买走。而船老大的收获也仅够柴油钱。

村民远走他乡，海湾空无一人

中国渔民更多地选择走向远洋捕鱼，是中国渔业发展的趋势使然，也是近海渔业资源枯竭背景下的无奈选择。中国沿海环境污染、围海造地，也迫使着中国渔民不得不改行。

岩头村，位于浙江台州老城区的东郊，曾经，这里被誉为东海之滨的鱼米之乡，如今却已发展成为医药化工“重镇”。东港村，位于浙江嘉兴的杭州湾入海口，这里曾以捕捞鳗苗和蟹苗声名远扬，如今也已开始搬迁，年轻人大多去了旁边化工园区上班。后头湾，位于浙江舟山的一个海岛上，由于交通不便、渔业资源枯竭，近10年来，村民慢慢地都搬走了，如今整个村庄和港湾都空无一人……

后坑，位于福建云霄，村后的海湾已被大片养殖业占据，小渔船无处下网，只能换大船去往更远的海域。南屿，位于福建东山东南部，门前的海湾里，曾经每天都有30多条拉网作业的船只，如今只剩下20多个老人和一条小木船。古雷，位于福建漳州市漳浦县，曾经的大渔港，如今已是一片巨大的化工园区……

日本人的前车之鉴

20世纪六七十年代，日本经济高速发展。陷入发展空间狭小困境的日本，开始大规模填海造陆，在获得经济收益的同时，埋下了巨大隐患。自1945年到1978年，日本全国沿海滩涂减少了约390平方公里。很多靠近陆地的海域里，已经没有了生物活动，海水自净能力减弱，赤潮泛滥，日本渔业遭受重大损失。为此，日本曾花费了大量的人力、物力拆除人工海岸线，复原自然面貌。

对于正在加速工业化、城镇化发展进程中的中国，如何有效保护、利用海岸线，已经成为中国发展海洋经济的过程中亟待解决的课题。

福建东山，一段10公里的乡道紧贴海边，一路上养殖场一家紧接着一家，数千条白色水管穿过沙滩，伸向大海，抽取养殖用的海水，再把不做任何处理的废水排回大海，排放口散发着腐臭味。

福建漳浦，位于县南段半岛上的古雷镇港区，是全国不可多得的八大天然深水良港之一，天然水深20～30米，可建1万～20万吨的泊位32个。一个国家级化工园区项目在此落地。邻近的一个自然村港口处停着些小船，渔民们平时讨讨小海，或者捞捞紫菜。

浙江嘉兴，位于杭州湾入海口的东港村，曾以捕捞鳗苗和蟹苗而出名。最多时，这里有上千张网在等待路过此地的鳗苗，如今，疯狂之后，只剩下几个老人还在从事着老行当，一天的收入不足百元。

福建东山，一家小型水产品加工作坊中，一位妇女正做小鱼加工，这些鱼的大小不足2厘米，只能加工成鱼干或养殖饲料。我国渔业部门规定，渔民出海捕鱼应用直径超过3.9厘米的渔网，但渔民实际捕鱼时普遍使用直径不足1厘米的渔网，这种渔网被称为“扫地穷”、“绝户网”。

1 | 2

1. 福建东山，宫前村港，渔民黄友顺还在通过“讨小海”糊口。每天清晨4点左右，他就带着老婆一起出港，赶在涨潮之前沿海岸下网，下午等退潮之后拉网收鱼。他说，靠着这种谋生方式，他先后把两个孩子供到了大学。

2. 黄友顺说：“现在，‘讨小海’真的是到头了。这一天捞到的鱼，卖不到百元。”这些丝网作业的小船，大多没有捕捞证，也没有休渔期，全年作业。不论小鱼和鱼种，大小全捞，都不放过。

浙江嘉兴，东港村全村有965户人家，如今，为给工业园区让地，整个村子正在搬迁。据统计，中国先后经历了四次围海高潮：新中国成立之初的围海晒盐；20世纪60—70年代的围海造田；80—90年代的围海养殖。目前，正经历第四次围海高潮，始于2008年，围海造地的规模远超过去。

福建漳浦，古雷镇半湖小学早已搬迁。古老的渔港已成为国家级化工园区。很多渔民已经搬走，村里住着很多在化工厂打工的人，余下的渔民开始投资大船，走远洋捕捞的路线。

浙江舟山，后头湾是一个岛上的海湾，由于交通的不便和渔业资源枯竭，迫使岛上村民改变谋生方式。近10年来，村民慢慢都搬走了，如今，整个村庄和港湾空无一人。

煤城困境

2002—2012年，被称为中国煤炭行业的“黄金十年”。没人想到，紧随其后的，并非“白银”或“青铜”，而是直接到了“黑铁”时代。在东北，产能过剩造成了煤炭业的萧条，一同沉寂的，还有矿区居民的生活。

217
鸡西同济医院 611 2233

摄影师 / 邹璧宇

1985年生，广西桂林人，现居北京，新浪网专职摄影师。曾获色影无忌2015中国新锐摄影师提名，入围图虫网“今镜头”年度图片故事大奖等。

“十年”之后

1949—1990年这42年间，黑龙江四大煤城（鸡西、鹤岗、双鸭山、七台河）仅有9年盈利；1998年，总理亲自动员部署煤炭改革，控制产能，效果显著；2004年，拥有鸡西大部分煤矿的龙煤集团成立，黑龙江各矿务局纷纷转企改制，并入龙煤旗下，“黄金十年”的东风吹起，龙煤效益蒸蒸日上；2012年，煤炭行业又陷入整体衰落。不断转变着的鸡西，这一次不知要向何处去。

进入鸡西的矿区后，道路非常颠簸，崎岖的路面昭示着往日货运的繁忙。一车车煤运出去，留下深深浅浅的坑洼。由于资金匮乏，破碎的道路难以修缮。矿区里的居民每天就生活在这样的碎街泥道上，从忍受变成习惯。

这样的矿区遍布鸡西市。光是滴道区，就有大同、立井、河北、中暖等好几家。20世纪50—60年代的计划经济时期，这些矿工聚居地逐渐发展起来，一排排工房几经兴衰，一直坚持到了现在。房屋地下有相当一部分属于采空区，更严重的甚至有塌陷区，但只要房子没垮，里面的居民就只能继续住着，等待动迁。但凡富裕、有门路的人家，都已搬到繁华的地方。继续住在老矿附近破旧的工房区的住户都是最贫困的。

外出打工，如今已成了失业矿工们不多的出路之一。当地无法再就业，他们只好离家去干力气活，承担起养家糊口的责任。至于老人与小孩，大都留守在矿区的家中。

活在“黑土”

“煤黑子完蛋。”退休矿工张庆吉站在一口自打的水井边上，愁眉不展地说，“自来水管在冬天被冻住，4月解冻后，能不能用还两说。”滴道区六坑附近的居民，都要靠挑井水生活，可是井水浑浊不堪。六坑，这个颇具煤炭特色的名字，代表的是一个煤矿开采单位。居住在六坑附近的人，不是扎根于此的矿工，就是外来打工者。

“这烂糟的日子没法过。”来挑水的居民抱怨道。他挑满两桶水，摇晃着向工房走去，一路上身体随着坎坷的地面起伏摆动。

居民们搞不明白，他们到底属于矿区政府管理，还是应由所在企业负责。企业与政府的分工没人说得清。曾经的煤炭繁荣时期，他们的生活靠企业。如今，无论责任该划分给谁，实际的状况都是没人管。河北矿工房区，堆积的生活垃圾快高到屋顶，却无人清运。更偏远的矿区，医疗只能靠私人诊所，基础设施老化与社区服务缺失，不断加速着矿区生存环境的恶化。

“在我们这，千万别得急病，叫车到最近的医院都要半小时。”坐在路边唠嗑的老人说起脑梗的邻居，因抢救耽搁太久，出院后行动不便，自理都成了问题。老人本来有养老金，能补贴补贴失业的儿子儿媳，如今却只能靠这笔钱住进养老院，尽量少给家人添麻烦。

“我孩子读高中，光学校住宿吃饭，每个月都要花快两千，还不算补课和别的开销……”大同矿的一个小卖部老板娘话音越说越低。她并不敢细算生活成本。一个小卖部，每月只能挣几百元辛苦钱，丈夫去大连打工，靠卖力气赚钱。最近换季，她生了病。药店只收现金，不能用医保卡，她心疼那五六十块药钱，就自己扛着。

六坑只有一家民办的托儿所，老两口负责照顾孩子，女儿女婿有文化，负责教简单的算术与拼音。托儿所只有大小两个班，不到30个孩子。白天上课的时候，两间屋子是教室，等晚上家长把孩子接走，教室就变成了他们的卧室。这么个简陋的小托儿所，在矿区却无可替代，方圆几公里只此一家，大家相处几十年，知根知底，教学质量谈不上，至少让人放心。照顾一个孩子，每月仅收300元，管早午饭。偶尔有拖欠费用的，他们也不会把孩子赶出去，大家都是许多年的老邻居了。

老矿区里的小学在七八年前就已逐渐撤销。现在孩子想读书，只能坐半个小时以上的班车，到滴道区或鸡西市。

路在何方

2005年，政府开始了矿区棚户区改造，并为此投入了数千亿的财政资金，用以改善全国矿区居民居住现状。

或许因为偏远，鸡西市滴道区的老矿，只有一小部分危房居民完成了搬迁。许多矿区居民表示，前些年，政府曾经组织丈量过房屋面积，做了登记，之后就进入了漫长的等待。等待期间，原本补偿范围内的暖气管、锅炉、外墙与防盗门接连被取消掉。加之他们居住的工房是在20世纪70年代或更早期修建的，都没有厕所，面积不超过50平方米，如果要搬迁，新房多出的面积需要自己掏钱填补。企业效益好的那几年，也许有人能凑齐这笔钱，眼下却尤为艰难。

退休矿工庞文斌，从3月初开始，用收看两会直播打发白天的时间。“上面的政策都是好的，不知道什么时候能落实下来。”他说。曾经的井下掘进工作让他患上了矽肺病，如果能动迁进城，至少去医院治疗可以方便很多。

只有离开老矿区，才有找到工作的可能。因此，中年的矿工家庭对搬迁几乎望眼欲穿。而一辈子住工房的老人们对此却感到忐忑。他们担心住上楼后，吃喝拉撒都要花钱，不如在老矿过自给自足的生活。要是抽签分配到楼层较高的房子，以后的生活会很不方便。

无论搬迁与否，矿区居民们只能听天由命。搬迁不落实，想走的走不了；真到了搬迁那天，不想走的也留不下。关键是，没人知道哪天搬。居民说，眼下的生活好似瞎驴拉磨，像是往前走，实际上是原地绕圈。

六坑矿区的居民常常怀念光景好的那些年。外来打工的人多，附近的姑娘也愿意嫁过来，里里外外透着热闹。现在，每天最热闹的时候则是入夜后，老头老太太们跳起广场舞，用动感的音乐与肢体动作，渲染出一片单薄的活力。留在家中的居民，则多在电视前消磨。从新闻里，他们知道了许多与矿区有关的政策。他们始终期待着，期待自己与矿区紧紧相连的命运，能在未来得以改变。

（文中人物均为化名）

鸡西，这座黑龙江第一大煤炭城市，如今遍布黑色的遗迹：通往矿区的道路是黑色的，周围矗立着黑色的山——由矸石堆积而成。旧日繁忙的卡车在地上留下深深浅浅的坑洼，由于资金匮乏，道路难以修缮。

大同矿区的居民楼下，老街坊聚在一起晒太阳。街道萧条寂静，这使他们常常无话可聊。他们曾经拥有相似的身份——矿工或家属。如今，或因年龄，或因身体状况，做出了相同的选择——留守，靠着微薄的收入与简单的基础设施生活下去。

在六坑，方圆几公里，只有一家民办托儿所。老两口负责照顾孩子，女儿女婿则负责教授简单的算术与拼音。托儿所里不到30个孩子，每人每月收费仅300元，包含早午餐。

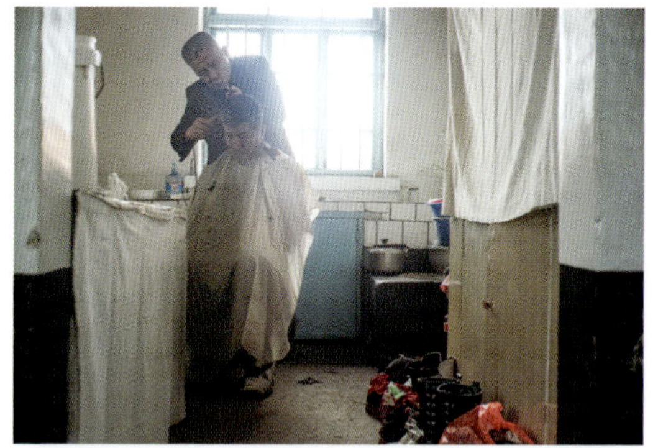

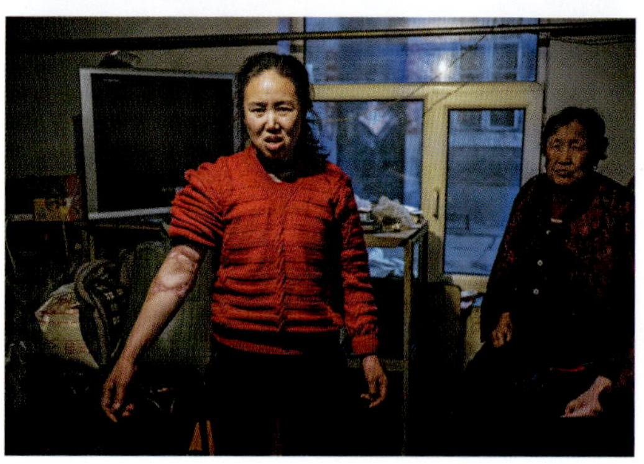

1 | 3
2 | 4

1. 22岁下井时，李叶忠被石头砸中了脑袋，留下了血栓与中风的后遗症，也因此争取到了家属享受工伤待遇。如果他死在妻子之前，妻子可以继续领取他的退休金。图为李叶忠正在帮堂弟李伍城理发。14岁时，李伍城的腿被矿上运矸石的车压断。

2. 张翠患有癫痫，身体有时会抽搐到失去意识。有一次，她抽搐着倒向了锅炉，因此留下烧伤的巨大疤痕。留在老矿区的她没有嫁人，没有工作，也没有任何保险。

3. 张老太太独居在老工房里。儿子外出打工，三个女儿也都嫁了人。坐在炕上，陪伴她的是从教会领取的《圣经》。日常的寂寞里，《圣经》成了她的精神支柱。

4. 孙老太太是山东人，年轻时来到矿上，一待就是一辈子。她的愿望是拆迁“上楼”。她说，不知道能不能等到住楼那天。修建在老矿附近的生活区，面临着可能塌陷的危险，虽然政府早就计划拆迁，但至今只有一小部分危房居住者被迁出。

孙老太太是吉林人，20多年前做“盲流”来到鸡西，靠在矿上做些小活养大两个孩子。大儿子高仪（左）也曾是矿工，井下工作期间患上自闭症，这使他无法承受长期在外打工，只好回家陪伴母亲。

1/2 | 3

1. 在矿区，冬天取暖几乎没有成本。倒煤泥的车一来，捡煤块的居民就聚集上去。其实，捡煤一直被矿上严令禁止，但是没人在意，也没人会掏钱。

2. 同样自给自足的还有饮食乃至畜牧。居民在矿区里开辟出可以耕种的土地，种植玉米与应季蔬菜，没人在乎土壤是否安全。黑色的矸石山下，退休矿工在放牧白色的羊群。

3. 自给自足的生活毕竟多有不便。退休矿工张庆吉站在水井前愁眉不展。自来水管道被冻住，六坑附近的居民只能靠挑井水生活，井水却浑浊不堪。不仅用水，道路、医疗、房屋质量……样样都让居民们感到无奈。

河北矿工房区的生活垃圾快要堆积到屋顶了，却没人负责清运。居民们只能耐心又焦虑地等待动迁。

提起下一代，矿区的老居民们大多有类似的想法：希望孩子长大后远离煤矿。曾经的铁饭碗早已打碎。40岁的张秀英说：“希望孩子未来读书学门手艺，干点别的。”她也说不清“别的”指什么，只盼孩子以后不用在矿上待着就行。

1 | 2

1. 留在家中的居民，夜晚多在电视前消磨时光。从新闻里，他们知道了“煤炭去产能”、“供给侧改革”等新词，感觉听起来与矿区息息相关。居民们说，上面的政策都是好的，不知道什么时候能落实下来。

2. 入夜后，六坑一座荒废的大楼前渐渐热闹起来，留守居民陆陆续续来到这里跳起了广场舞。热烈动感的音乐，为这个寂寞之地带来了一天里难得的活力。

中国国家地理·图书

CHINESE NATIONAL GEOGRAPHY

摄影眼的培养 I

摄影眼的培养 II

只属于我的视界

穿透黑暗

中国人的家当

自然之美

生命之灵

极致之美

羌 在深谷高山

星野道夫的北地之梦

摄影万象

影像中的国

变与不变的中国人

中国人的一天

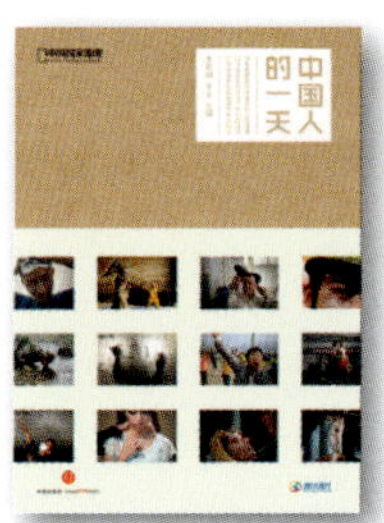

活着·蜕变

活着·见证

投稿邮箱：cngbook@cng.com.cn